Den gamle Edda

Vilhelm B. Hjort

Den gamle Edda

Vola forudsiger Odin Guders og Menneskers Undergang

Den gamle Edda
Oversat af Vilhelm B. Hjort
ISBN: 978 87 4301 406 5
© 2020 www.heimskringla.no
Forlag: BoD – Books on Demand, København, Danmark
Tryk: BoD – Books on Demand, Norderstedt, Tyskland

Første udgave: 1865
Genudgivelse: 2020:
Heimskringla Reprint.
Oprindelig titel: Den gamle Edda – eller oldemo'r
Ansvh. red.: Carsten Lyngdrup Madsen
Layout: Carsten Lyngdrup Madsen
Illustration på titelside: Louis Moe
Omslagsgrafik: Jonas Lau Markussen
www.heimskringla.no

Indhold

Fortale   7

Første Afdeling:
Mythesange

1. Valas Sandsagn   11
2. Odins Ravnegalder   22
3. Skirners Færd   27
4. Grottesangen   34
5. Hammerhentningen eller Kvadet om Thrym   38
6. Dværg Alviis   43
7. Balders Drømme   49
8. Vafthrudner eller Vidkjæmpen   52
9. Rigs Færd   60
10. Hyndlasangen eller Den lille Valasang   67
11. Højsangen   74
12. Grimner eller den Formummede   97
13. Hymerskvadet   106
14. Øgersgildet   112
15. Harbardssangen   123
16. Menglads Udfrielse   131
    a. Groagalderet   131
    b. Fjølsvidsangen   133
17. Solsangen   141

Kort Forklaring af Eddas mythiske Digte   152

Anden Afdeling:
Heltesange

18. Vølundskvadet	159
19. Helge Hjørvardssøn	166
20. Helge Hundingsbane, første Kvad	175
21. Helge Hundingsbane, andet Kvad	183
22. Sinfjøtles Endeligt	193
23. Sigurd Fafnersbane, første Kvad eller Gripers Spaadom	195
24. Sigurd Fafnersbane, andet Kvad	203
25. Fafner	209
26. Sigdriva eller første Brynhildskvad	217
27. Sigurd Fafnersbane, tredje Kvad	224
28. Brudstykke af et Brynhildskvad	234
29. Brynhilds Helfart	237
30. Første Gudrunskvad	240
31. Niflungernes Drab	245
32. Andet Gudrunskvad	246
33. Tredje Gudrunskvad	253
34. Oddruns Klage	255
35. Atlekvadet eller Gudruns Hævn	260
36. Det grønlandske Digt om Atle	267
37. Gudruns Opegning	281
38. Hamder	285

Fortale

En Oversættelse af Sangene i Sæmunds Edda har jeg tidligere udgiven stykkeviis, i et par udkomne Hefter, saaledes, at jeg benyttede Sangene til Grundlag for et Forsøg paa at forklare den gamle Nordiske Religion, Runlæren, som nordisk Verdenshistorie, Verdensfllosofi og Verdensprofeti. Men dette Forsøg kan nærmest kun have Interesse for en snævrere Kreds, især for dem, som have Tid og Evne til at granske over Religion og Verdensudvikling.

Jeg har troet, at en større Kreds kunde ønske at have en samlet Oversættelse af alle Eddas Sange paa Dansk uden videre Betragtninger. — En saadan fremkommer her. Dog har jeg ikke kunnet dye mig ganske for ved en Overskrift over enkelte Sanges Afsnit at give Vink til deres Forstaaelse, eller for at hensætte bagefter de mythiske Sange en kort Forklaring af dem (S. 151–155), hvilken tillige vil angive mine Grunde til at opstille dem netop i den Orden, hvori man her vil forefinde dem. Saadanne Overskrifter findes i Mythesangene Nr. 1. 2. 16, b. 17. samt ved første og andet Afsnit af Nr. 11. Foreningen af Sangene Nr. 16, a. og b. under en fælles Overskrift hidrører ligeledes fra mig; de korte Anmærkninger under Texten naturligviis ogsaa; endelig ogsaa de oplysende Bemærkninger S. 224f og 288. P. A. Munchs Udgave af den ældre Edda er i det Væsentlige fulgt ved Oversættelsen saavel med Hensyn til Texten som til Strofeinddelingen.

Man har stridt og strides i Litteraturen meget om, hvorvidt disse Digte oprindeligen ere Norske eller Tydske, o. s. v. Det turde være rigtigst at betragte dem som fælles Nordiske, som Fostre af den Nordiske Aand, hvis største

Værk i Nutiden er, at de, hvis Forfædre troede paa Odin, Vodan eller Vuotan, nu bekjende sig til den evangeliske Christendom.

De fleste baade af Mythe- og Heltesangene hidrøre vistnok fra en og samme Periode; de ere for Norden, hvad Hesiod og Homer ere for Syden, og den Form, under hvilken de forekomme i Edda, er næppe synderligt afvigende fra den oprindelige. Imidlertid ere der gode Grunde til at antage, at Odins-Religionen først er opstaaet i det østlige Tydskland, men har faaet sin største Udvikling i Norden, og at Danmark i saa Henseende ikke har ydet et ganske ringe Bidrag. Ved at overveje Helte-Sangenes Indhold og Betydning maa man skjelne vel imellem det, man vil antage 1) om Begivenhedernes egentlige Hjem og Tidsalder, 2) om de enkelte Sanges ældste Skikkelse, 3) om dennes Omgjørelse under Sangens Vandringer, og 4) om senere opstaaede Dunkelheder ved forskjellige Sanges og Sagns Sammenblanding eller Sammendigtning. Der staaer ikke Lidet endnu tilbage for Kritiken at oplyse, f. Ex. om Sigurds og Brynhildes tidligste Bekjendtskab, om Forholdet imellem den tydsk-christelige og den nordisk-hedenske Opfattelse og Fremstilling af flere Hovedtræk, om Spørgsmaalet om Sigurds Danskhed, o. A. m.

Den 1. August 1865

FØRSTE AFDELING

Mythesange

1. Valas Sandsagn

a. Valas Kald

1. Om Lyd jeg beder
Almenigmand
Af hver en Alder,
Af hver en Stand;
Valfaders Snille
Jeg skildrer her,
Oldmandesagnet,
Min Mindefærd.

b. Midverdens Dannelse[1]

2. Jeg mindes Jætter
I tidens Brud,
Fra dem min Fostring
Man leder ud;
Ni Verdner mindes,
Livsevner ni,
Alskabningstræet
Paa Spirens Sti.

3. I Urolds Morgen
Med Ymer følger
Ej Strand, ej Vande,
Ej svale Bølger,
Ej Himmel oven,
Ej Jord man saae,
I Rummets Tomgab
Ej mindste Straa,

4. Før Sønnens Sønner
Gav Kloder Sted
Og Midgaard danned'
Med Herlighed:
Med Sydsol skinner
Paa Steensals Lide,
Og grønne Urter
Af Grunden skride.

---

[1] Imellem Aandens Lys, Muspelheim, i Syd og Materiens Mørke, Niflheim, i Nord; den førstnævnte Verden er efter Snorros Edda evig, den sidste skabt.

c. Tidens Ordning

5. Sig Sol fra Sønden
Med Maane selled,
Om Himmelheste
Sin Højre fælded,
Mod uvis Bolig
De Heste rendte,
Sin egen Fylde
Ej Maane kjendte,
Ej Stjærner vidste
Hvor de sig vendte.

6. Til Udslags Sæde
Almagter ginge,
Storhellige Guder
Om Raad at tinge;
For Maaneskifter
De Navne finge,
For Nat og Morgen
og Middagsstunde,
Undern og Aften:
Aar at begrunde.

d. Asernes Guldalder. Lovenes Komme (Englefaldet?)

7. Paa Idrætsvangen
Stod Asers Hær
Og Altertempler
Højtømred der;
De øved Evner
Paa alle Lede,
At lægge Esser
Og Koster smede,
At danne Tænger
Og Redskab rede,

8. De tavled glade
I Hjemmets Stavn
Paa Guld der aldrig
Var noget Savn,
Før trende grumme
Møer gik frem
med mægtig Styrke
Fra Jætters Hjem.

e. De udviklende og fuldkommende Kræfter og deres Stigning til højere Sfærer. Dværge og Alfer

9. Til Udslags Sæde
Almagter ginge,
Storhellige Guder
Om Raad at tinge,
Om hvo der skulde
Dværgdrotter danne
Af blodigt Skums
Og Blaabeens Blande.

10. Stofbrygger ypperste
Dværg er vorden,
Dørmand stander ham
Næst i Orden;
I Mandeskikkelser
Frem af Jord
Gik Pugeskarer
Paa Dørmands Ord.

11. Ny og Næ,
Nordre, Søndre,
Østre, Vestre,
Altyv, Lukøje,
Pusling, Nanne,
Nipper, Danne,
Gyser, Kyser,
Bump og Stump,
Spænd og Spænder,
Graaskjægsfa'r,
Sødmjødsnar.

12. Vever, Slughals,
Pust og Drille,
Artig, Vovhals,
Knort og Brille,
Farveskjær,
Bussemand, Pudsemand,
Styr og Snild,
Rigtig Dværge
Stande her;

13. Filer, Kiler,
Funtus, Fløjten,
Knude, Vilder,
Haandelav,
Suus og Duus,
Bryn og Piil,
Avl og Iil,
Hornbore,
Priis og Stampe,
Knold og Kampe,
Skjoldeholde.

14. For Talsmænds Slægter
Nu Dværge jeg tæller
Til Elskov op,

Lukøjes Fæller;
De, som søgte
Fra Bjærgets Sal
Muldvangs Sæde
Til Kampens Val.

15. Der var Drøpner,
Slaaesbro'r, Ranke,
Klintespore,
Smilebore,
Glimmer, Blanke,
Virvarsvolde,
Glatter, Gamling,
Alf og Ungling,
Skjoldeholde,

16. Fjæler, Kjøler,
Bringfordag,
Fangimag,
Hærmand, Sværdmand,
Svariskov,
Luskibusk:
Det, mens Verden
Staar, skal være
Elskovs Ætte-
Tal med Ære.

f. Menneskets Skabelse

17. Saa vandred' trende
Af Asers Følge,
Mægtige milde
Ved Aagabs Bølge;
Ask og Embla
De fandt paa Land,
Uden Styr
Og i værnløs Stand.

18. Aand de ej havde,
Ej heller Tykke,
Blod eller Lader,
Ej Farvesmykke;
Aand gav Odin
Og Høner Sind,
Blod gav Loder
Og Blomst paa Kind.

g. Livet i fuldt Flor

19. Yggdrasil nævnet,
En Ask der stander,
Hvidmulds Vædske
Det Højtræ vander,
Deden kommer Dug,
Der i Dale gaaer,
Over Urdes Kilde
Den immergrøn staaer.

h. Gudsbevidsthedens Udvikling under Lovens Herredømme fra det første Syndefald (Theogoniens Begyndelse)

20. Deden kommer Møer,
der meget vide,
Trende fra Søen
ved Træets Side,
Urde den første,
Verdande den næste,
Skulde den tredje:
De Runer fæste,
Liv de kaarede,
Love lagde,
Oldenes Sønner
Skjæbne sagde.

21. Ude hun sad
I Enkestand,
Til hende kom
Den gamle Mand;
Den frygtelig Høje
Hun skued' i Øje.

22. Hvi spørge I mig?
Hvi friste I mig?
Ja, Odin tilfulde
Jo kjender jeg,
Hvor dølge Du vilde
Dit øje i Kundskabens
Herlige Kilde;
Hver Morgenrød
Af Valfaders Pant
Drikker Mimer Mjød.
Mon I nu ret
Kan fatte det?

i. Kultur og Folkedannelse som Forbud paa Krigen

23. Hende gav Hærfader
Smykker og Ringe,
Sange, som Viisdommens
Skatte kan bringe,
Spaadommens Vidjer;
Hvor Øjet sig vender,
Vide hun skuer,
Alverden hun kjender.

24. Saae hun Valkyrier,
Dragne saa vide,

Rede til Gudernes
Stamfolk at ride:
Skulde holdt Skjoldet,
Den anden var Skøgel,
Gunn, Hilde, Gøndel
Og Spydskøgel.

k. Vanernes Guldalder tabt ved Ufreden. Aser og Vaner i Forening

25. Hun først I Verden
Blandt Folk saae Blod,
Da Spydet gjennem
Guldvevre stod,
Og hun i den Højes
Hal blev Brændt;
Den tregang baarne
Blev tregang brændt,
Ofte, usjælden
Man det bedrev
End Guldvevre
I Live blev.

26. Spaakyndig Vala –
Hun overalt,
Hvor hun til Huse kom,
Heide blev kaldt
Ulve hun tæmmed',
Og Sejd hun nemmed',
Sejd som et kosteligt
Spil hun bedrev,
Stedse af Onde
Begjæret hun blev.

27. Til Udslags Sæde
Almagter ginge,
Storhellige Guder
Om Raad at tinge:
Om Aserne skulde
Agift yde,
Eller alle Guder
Offer nyde.

28. Brudt blev da Asa-
Borgens Skranke,
Med Kampgny Vaner
I Felt sig sanke;
Odins Spyd mellem
Folkene foer,
Det var den første
Krig paa Jord.

l. Brudstykke af Runen om Gudernes timelige Luftkastel og om Fantasien som Kjødets og som Aandens Ganger

29. Til Udslags Sæde
Almagter ginge,
Storhellige Guder
Om Raad at tinge:
Hvo Svig havde stiftet
I Luftens Rige,
Til Jætterne lovet
Odins Pige.

30. Kun der var Thor
Af Harme ør,
Han sjælden sidder,
Naar sligt han spør;

Brudt blev Eder
Og sorne Ord,
Den stærke Pagt,
Der imiddel foer.

m. Himmelvejens (Regnbuens) Udgydelse af Gjalderhornet

31. Hun veed Hejmdals
Lur i Læ
Under ætherisk
Helligt Træ;
Af Valfaders
Pant en Aa
Sees med jordisk
Fos at gaae.
Mon I nu ret
Kan fatte det?

n. Forbud paa Omvæltningen i Livet. (Eller maaskee: Sol- og Maanedyrkelse, og Menneskeoffer for at afvende Uaar)

32. Øster i Jernved
Sad gammel Kvind,
Der fødte hun Børn
I Ulveskind,
Een især
Gjør dem alle Skam,
Maanetyven
I Troldeham.

33. Med Livet af Dødsens
Mænd han mættes,
Gudernes Sæde
Med Blod beplettes,
Til Sommer da sortnede
Solens Skin,
Alt Vejrlig fangede
Gruligt Sind.
Mon I nu ret
Kan fatte det?

34. Kjællingens Vogter
Paa Høj der sad,
Han slog sin Harpe,
Den Ørn, saa glad;
Goel næst hannem
I Fugleved
Fagerrød Hane,
Han Fjæler hed.

35. Guldkam galer
For Asers Rækker,
Hos Hærfader
Han Helte vækker,
Dernede høres
En Anden gale,
Sod-rød Hane
I Hel-Sale.

o. Guldvevres tredje Hedengang, eller den tredje Guldalders Tab ved Balders Død

36. Gud Balders Skjæbne
Jeg saae i Løn,
Han svømmed i Blod
Den Odins Søn

Af Grunden højnede
Sig en Green
Smækker og liflig,
Mistelteen.

37. Mig syntes, den blev
Til farlig Harm,
Som Spyd den fløj
Fra Höders Arm;
[En Broder til Balder
Fik snarlig Liv,
Som natgammel Helt
Han yppede Kiv,
Haand toet, Haar kjæmmet
Ej han har,
Før Balders Fjende
Paa Baal han bar.]
Men Frigga monne
Valhallas Vee
I Fensale
Med Graad betee.
Mon I nu ret
Kan fatte det?

*p. Livskampens Udslag,
Fornuften tages fangen*

38. Lænket seer hun ligge
I Varmbads Lund
Listigkrop Loke,
Den fule Hund;
Over ham sidder
Dybsind der,
Ej Just glad
Ved sin Mages Færd.
Mon I nu ret
Kan fatte det?

39. Da man Vales
Drabsbaand vinder,
Haardt den Tarme-
Knude binder.

q. Ondt og Godt adskilles

40. En Aa, som øster
Om Edderdal falder,
Med Dynd og Sværd
Man Slider kalder.

r. De materielle Paradiser

41. Stod mod Norden
Ved Yndebjærge
En Sal af Guld
For Æt af Dværge;
I Kuldefri stod
En anden Stavn,
Bruser er Jætters
Ølsals Navn.

s. Straffestedet

42. Fjernt fra Sol hun
Sal saae stande,
Med Dørre mod Nord
Paa Ligstrande;
Gjennem Lyren falde
Giftdraaber ned,
En Fletning af Slanger
I Tagets Sted.

43. I rivende Strømme
Vade der
Meensorne Mænd
Og Morderhær
Og hvo der Øret
Bedaaret har
Paa den, som Andemnands
Hustru var.
Der suger Nidhugger
Dødninges Krop
Og slider dem vildt,
Fra Taa til Top.
Mon I nu ret
Kan fatte det?

t. Denne Verdens Undergang

α) Forberedelserne

44. Frem skuer jeg længer,
Rig er min Sang
Om Sejrguders ramme
Undergang.

45. I Strid falder Broder
For Broders Haand,
Søstersønner krænke
Slægtskabs Baand,
Grund gjalder, Luft
Er Udyrs Stand,
Ingenmand skaaner
En anden Mand.

46. Haardt er i Verden,
Hordom øves,
Øxold, Sværdold,
Skjolde kløves,
Vindold, Ulvold,
Før Verdens Huus
Styrter i Gruus.

*β) Magternes Sammenstød
og Bane*

47. Mims Sønner lege,
Hans Træ gaaer i Brand,
Det gamle Gjalderhorn
Tændte det an;
Paa Horn skingrer Hejmdal
I Luftens Sale,
Med Mimers Hoved
Skal Odin tale.

48. Gjennem Ygdrasils Ask
En Skjælven gaaer,
Det gi'er sig det gamle
Træ, men staaer;
Slagen er Jættens
Friheds Stund,
For Bratfjælds Hule
Gjøer Helvedhund,
Ulven faaer Hast,
Hans Lænke brast.

49. Hrym sejler østfra,
Med Hærskjold i Top,
Verdensslangen vælter sig
Jættevild op
Og knuger Havet
Med Ormekrop,
Blegnæb slider Lig,
Ørnen skriger,

Ud af Havnen
Naglfar higer.

50. Kjøl gaaer østfra,
Muspels Skare
Monne Lysets
Hav befare,
Loke staaer ved Ror;
Et Ulvekor
Af grulige Seller
Er med paa Farten,
Byleists Broder
Er en af Arten.

51. Sydfra gaaer Surt
Med svajende Flamme,
Sværdet, som Valguders
Sol gjør til Skamme;[1]
Steenbjærge ramle
Og Utysker famle,
Helvedsfart øves
Og Himmelen kløves.

52. Hvor staaer det med Alfer?
Hvor staaer det med Aser?
Aserne tinge,
Mens Jættehjem raser;
For Steendøre høres
Puslingevraal,
De stønne ved Bjærget,
Som sætter dem Maal.
Mon I nu ret.
Kan fatte det?

53. Da kommer vor Tilflugts
Anden Kvide,
Naar Odin farer
Mod Ulv at stride,
Og Frey den Lyse
Mod Surt holder Stand:
Da falder Friggas
Elskede Mand.

54. Da kommer Sejrfaders
Søn med Vælde,
Vidar, for Morder-
Dyret at fælde;
I Tvivlingens Hjærte
Staaer dragen Sværd,
Saa er hævnet
Den Fader kjær.

55. Da kommer Jords herlige
Søn med Harm:
See, Slangen faldt
For Indvierens Arm!
Ni Skridt fra den frække
Snog at gaae
Med Nød og Næppe
Kan Jordsøn naae.

γ) Menneskehedens Undergang

Allemand forlade
Nu Verdens Stade.

---

[1] Mon ikke Kometen var Surts Sværd, og derfra Troen paa, at den varsler Undergang?

δ) Naturens Undergang

56. Sol maa sortne
Og Jorden drukne,
Klare Stjærner
Paa Himlen slukne,
Dampen straaler
Af Livstræets Top,
Flammerne slikke
Mod Himlen op.

u. Gjenfødelsen og Saligheden

57. Jorden hun skuer
Atter fød,
Eviggrøn stige
Af Havets Skjød;
Ørnen flyver
Over Fossens Væld,
Han spejdede Fisken
Fra sit Fjæld.[1]

58. Aser mødes
Paa Idrætsvange,
Tale om Jordens
Kjæmpeslange,
Mindes om Skjæbner,
Store og mange,
Og Thunders gamle
Fimmelsange.

59. Der de i Græsset
For sidste Sinde
De underfulde
Guldtavl finde,
Som fordum Guders
Folkedrot, Frey
Og Balder, ejed,
Paa Tidens Vej.

60. Agrene voxe
Usaaede der,
Alt Ondt sig bedrer,
Thi Balder er nær;
Han og Höder
Slaae sig til Ro
I Valguders Konges
Salige Bo.
Mon I nu ret
Kan fatte det?

61. Skjæbnens Vaand
Er i Høners Haand;
Viden Vindhjem
Skal beboe
Sønner af de
Brødre to.
Mon I nu ret
Kan fatte det?

62. En Sal, som Solen
Yndefuld,
I Gimle hun seer
Med Tag af Guld;
Fromme Drotter
Dens Bænke pryde
Og Livets Lykke
I Tiden nyde.

---

[1] Der er Foraar i den nye Verden; thi Fisken staar højt i Vandet.

v. Helliggjørelsen

63. Altets Styrer
Fra oven kommer,
Hin mægtige stærke
Kongedommer,
Domme han fælder
Og stiller Strid,
Helliger Freden
For evig Tid.

x. Den gamle Drage flyver i Lyset

64. Da flyver Dimmel-
Dragen frem,
Snogen fra Mørkfjælds
Dybe Hjem,
Nu sig Niddets
Hugorm svinger -
Lig han bær
Paa sine Vinger -
Over Vang
Til Undergang.

2. Ravnegalderet

a. Den forstyrrede Tilstand i Tilværelsen ved Syndefaldet og Tabet af Udødeligheden

1. Alfader virker,
Alfer tvege,
Vaner grandske
Norner pege,
Ividier nære,
Oldene bære,
Thurser dræve,
Valkyrier kræve.

2. Aserne spore
Raad saa ilde,
Tvivlsomme Runer
Dem forvilde;
Urde, som vogted
Livets Kilde,
Maatte dens bedste
Dyd jo spilde.

3. Derfor flagrer
Hugin rundt:
Rast — kan volde
Slægten Ondt,
Tilflugt — er saa
Tung at vinde,
Udflugt — er saa
Svær at finde.

4. For Dværge tviner
Deres Styrke,
Verdner synke
Mod Svælgets Mørke,
Ofte styrter
Solens Ganger,
Ofte Rejsning
Atter fanger.

5. Strand og Straale
Meer ej pligte,
Luftens Strømme
Stadigt svigte;

Blik for Slægtens
Fremtids Held
Dølger Mimers
Klare Væld.
Mon I ret
Kan fatte det?

b. Bevidstheden om den sande Gud (Ydun) er falden ud af Paradiset og forvandles til den naturlige Gudsbevidsthed (Vala)

6. Fremsynet Disa
I Dale boer,
Ned fra Ygdrasils
Ask hun foer;
Alferne hende
Ydun kaldte,
Førstekulds yngste
Barn af Ivalde.

7. Af sit Fald
I Hu saa mod,
Sat i Bur
Ved Højtræes Rod,
Nattens Slægt
Hun lider ilde,
Vant til Hjemmets
Glade Gilde.

8. Sejrguder skue
Nannas Sorg,
Ulveham sende
Til Vegmøes Borg;
Dragten hun tog,
Sit Sind hun brød,
Fandt sig i Svigleg
Og skiftede Lød.

c. Trende Sendebud fra Odin udforske hende forgjæves om den faldne Verdens Skjæbne

9. Valgte da Odin
Bævrasts Værge
Til Gjaldsols Dørmø
At besværge,
Om hun vidste,
Hvad Verden dulgte;
Lopt og Brage
Som Vidner fulgte.

10. Galdre løde,
Herre og Svende
Paa Ulve rede
Til Verdens Ende;
Odin lytter
I Lidskjalvs Sæde,
Saa lange Veje
Han lod dem træde.

11. Spurgte den Kløgtige
Hende, som sender
Livsdrik til Gudernes
Slægter og Venner,
Om dødskjulende
Verdens Indgang
Tyde hun kunde,
Fremgang og Udgang.

12. Ej Ord hun mælte,
Ej kunde hun rede
De Lyttende Tale,
Ej Udraab kvæde,
Taaren fra Hjærnens
Glugger rinder,
Hendes Strid i
Graad forsvinder;

13. Ret som Øst
Fra Edderhav
Kuldejætten
Tjørnen gav,
Hvormed Alfen
Natligt rammer
Stolten Midgaards
Folkestammer:

14. Daad da slappes,
Haanden segner,
Hovedet af
Svimmel blegner,
Tankeør og
Sandsesløs
Hele Sværmen
Gaaer i Døs:

15. Saadan Jorun
For Guder var,
Da hun sorgspændt
Dem negted Svar;
Stærk de kræved,
Jo meer hun negted,
Ivertalen
Dog Intet mægted.

d. Hejmdal og Loke vende tilbage og melde Udfaldet af Sendelsen

16. Bort gik Spørge-
Færdens Fremmer,
Han, som Herjans
Gjaldhorn gjemmer,
Skarptrefs Søn
I Ledtog foer;
Grimners Skjald
Tog Vagt paa Jord.

17. Til Gudinders
Borg sig svinge
Tavse Mænd
Paa Stormens Vinge,
Træffe Aser
Der til Sæde,
Yggers Folk
Ved Gildets Glæde.

18. De bøde Højsædets
Vært, den bolde
Tvivlforløser,
Hil at volde,
Guderne sæle
Gildet at nyde,
Stedse sig hos den
Høje fryde.

19. Storværks Bud
Til Bænks dem sætter,
Sørimner Heltes
Skare mætter,

Skøgel for Borde
Med Mjøden kvæger
Af Mindehornet
I Lunets Bæger.

20. Mangt et Spørgsmaal
Ved Bordet finder
Til Hejmdal Guder,
Til Loke Gudinder,
Om Kvinden Spaadom
Og Sandsagn vidste —
Til Kvældens Mørke
Sig frem mon liste.

21. Slet de sagde
Færden gangen,
Liden Roes af
Hvervet fangen,
Thi, af hende
Svar at nøde,
Var forgjæves
Tankemøde.

e. Odin trøster med, at Morgenen kan bringe lysere Udsigter

22. Odin svarer,
Alle lytte:
"Nye Raad er
Nattens Bytte,
Hver som evner,
Til imorgen
Søge Raad
For Asasorgen!"

23. Nu i Spring paa
Dybet kjører
Nat, som aldrig
Foden rører;
Alt som hende
Hesten fører
Guder fra Gilde
Sig forføje,
For Odin og Frigga
De sig bøje.

f. Morgenen kommer, og Frelsens Forbud søger mod Himlen

24. Dag nu skyndte
Frem sin Ganger,
Med dyre Stene
Dens Bidsel pranger,
Manken Glands over
Mandhjem spreder,
Solen i Vogn
Den Hest fremleder.

25. I Verdensgrundens
Nordre Fold,
Ved Adeltræets
Dybe Hold,
Gyger, Thurser,
Puslingskare,
Dværge, Puge
Til Hvile fare.

26. Op staae Helte,
Alfstraalen blinker,

Mørkhjem Natten
Til Norden vinker,
Hejmdals aarle

Brofærd gjalder,
Himmelbjærgets
Hornlydskalder.

3. Skirners Færd

Njords Søn Frey havde en Dag sat sig i Lidskjalv og overskuede alle Verdener; han saae til Jættehjem og fik der Øje paa en fager Mø, medens hun gik fra sin Faders Bolig til sin Skemme. Deraf fik han en stor Sindslidelse. Skirner hed Freys Skosvend, ham bad Njord at tale med Frey; da sagde

Skade.
1. Rejs Dig, Skirner!
Og hen Du gaae,
For Sønnen vor
I Tale at faae;
Og for at spørge
Vor vise Frænde,
Mod hvem hans Harm
Sig monne vende.

Skirner.
2. Vist onde Ord
Af Sønnen jeg faaer,
Om hen at tale
Med ham jeg gaaer,
Og spørger Manden,
Den vise Frænde,
Mod hvem hans Harm
Sig monne vende.

Skirner.
3. Du Folkehersker.
For Guder, Frey!
Hvad jeg vil vide,
Forhold mig ej:
Hvi Dag for Dag
Den lange Sal
Eensom, min Drot!
Dig fængsle skal?

Frey.
4. Hvorfor skal jeg
Min Hjærtevee,
Ungersvend!

Dig lade see?
Alfstraalen lyser
Jo hver en Dag,
Men ikke den volder
Mig Behag.

Skirner.
5. Mand! ej større
Din Sorg kan være,
End at Du kunde
For mig den kære;
Vi samledes unge
I Fordumstid,
Vi to bør slaae
Til hinanden Lid.

Frey.
6. En Mø i Gymers
Gaarde at gange
Jeg skued, hun tog
Min Hu tilfange.
Lyset fra hendes
Arme gik,
Saa Luften og Søen
Lysning fik.

7. Mere jeg denne
Mø attraaer,
End nogen Mand
I sin Ungdomsvaar;
Blandt Aser og Alfer
Der Ingen er,
Som vil, at vi have
Hinanden kjær.

Skirner.
8. Saa giv mig den Ganger,
Hvis Spring kan kue
Den vise forborgne
Varselslue,
Mig giv den Klinge
Der selv sig kan
Mod Jætter svinge.

Frey.
9. Dig Gangren jeg giver,
Hvis Spring kan kue
Den vise forborgne
Tryllelue;
Og Sværdet, der selv
Sig svinge kan,
Naar horsk[1] blot er
Dets Ejermand.

Skirner sagde til Hesten:

10. Derude er mørkt,
Os bør nu at fare
Over taaget Fjæld,
Over Folkeskare;
Enten begge
Vi vende tilbage,
Eller mægtig Jætte
Os begge skal tage.

Skirner red da til Gymers Gaard i Jættehjem; der vare olme Hunde bundne ved Ledet af den Skigaard, som omgav Gerdas Sal. Han red

---

[1] flink og forstandig.

hen til en Hyrde, som sad paa
Højen, og talte saa til ham:

11. Hyrde! som sidder
Paa Højen der,
Og alle Vejene
Vogter her,
Siig, hvordan jeg
I Tale kan vinde
For Gymers Hunde
Den unge Kvinde?

Hyrden.
12. Er Du enten
En Dødsens Mand,
Eller alt skilt
Fra Livets Stand?
Gymers gode
Mø at faae
I Tale, det skal Du
Aldrig naae.

Skirner.
13. Bedre Du gjøre
Kunde, end klynke
For En, som rede
Er til at synke;
Mig er kun Døgnets
Alder givet,
Dertil skabtes
Mig hele Livet.

Gerda.
14. Hvad larmende Larm
I vore Huse
Monne mig nu

For Øre suse?
Jorden bæver,
Og deraf alle
Gymers Gaarde
I Skjælven falde.

Ternen.
15. Herude er stegen
Af Hestens Sæde
En Mand, og lader
Sin Ganger æde.

Gerda.
16. Ind i vor Sal
Du skal ham byde,
For der den klare
Mjød at nyde,
Om end jeg maa
I Sindet ane,
At her nu stander
Min Broders Bane.

17. Er Du en Alf
Eller Asasøn,
Hvad heller af vise
Vaners Kjøn?
Hvi kommer Du her
Alene frem
Over striden Strøm
At søge vort Hjem?

Skirner.
18. Ej er jeg Alf
Eller Asasøn,
Ej heller af vise
Vaners Kjøn;

Dog ene jeg kom
Over Stridstrøm frem
For at besøge
Eders Hjem.

19. Elleve Æbler
Du seer mig have
Af pure Guld;
Den Fæstensgave,
Gerda! er din,
Du sige blot nu,
At Frey unødigst
Du skjænker din Hu.

Gerda.
20. Aldrig skal elleve
Æbler jeg tage,
For noget Mandfolk
At behage;
Mens Liv i os
Er til, skal jeg
Aldrig bygge
Og boe med Frey.

Skirner.
21. Saa vil jeg da skjænke
Dig Ringen til Løn,
Som brændtes med Odins
Unge Søn;
Hver niende Nat
Fra Ringen falde
Otte andre,
Jævntunge alle.

Gerda.
22. Ikke jeg tager
Den Ring i Løn,
Skjønt brændt med Odins
Unge Søn;
Ej fattes mig Guld
I Gymers Gaard,
Jeg Deel i min Faders
Rigdom faaer.

Skirner.
23. Seer Du Sværdet,
Min Liljevaand!
Smækkert og klingert
Her i min Haand?
Hovedet hugger jeg
Af din Hals,
Hvis ej din Tale
Er mig tilfals.

Gerda.
24. Mig man aldrig
Ved Tvang skal faae
Til Mand at elske;
Dog vil jeg spaae:
Hvis Du og Gymer
I stridbar Lyst
Hinanden møde,
Da staaer der en Dyst.

Skirner.
25. Seer Du Sværdet,
Min Liljevaand!
Smækkert og klingert
Her i min Haand?
Disse Egge
Din Fader skal kue,
Døden den gamle
Jætte true.

26. Tugtevaanden
Mod Dig jeg svinger,
Mø! Dig under
Min Vilje bringer.
Did skal Du gange,
Hvor siden i Løn
Aldrig Dig øjner
En Menneskesøn.

27. Stadig Du sidde
Paa Ørnens Tue,
Og vendt fra Verden
Mod Helhjem skue!
Mad skal vorde
Dig ledere, end
Hin glindsende Snog
For Jordens Mænd.

28. Kun frem Du komme
Til Spee og Spot!
Videre skal Du
Stilles blot,
End Vogteren foran
Guders Slot.
Iisjætter paa Dig
Sit Blik skal fæste,
Alverdens Stirren
Dig have tilbedste;
Selv gabe Du fort
Fra Dødens Port!

29. Virren og Hvimlen,
Tussel og Utaal
Fylde med Taarer
Dig Sorgens Skaal;
Sæt Dig ned

Og hør min Text:
Glædens Afbræk
Sorgens Vækst.

30. Alle Dage
I Jætters Gaarde
Dig Skræmsler plage,
Til Rimthurser op
Syg Du slæbe
Hver Dag Din Krop,
Kostberøvet,
Kostbedrøvet;
Graad for Gammen
I Hjemgjæld tage,
Taarer i Ledtog
Med al Din Plage!

31. Dit Liv Du tære
Med Trehovedthurs
Eller mandløs være!
Fra Morgen til Morgen
Dig ramme Sorgen,
Som Tidsel Du staa,
Der ind har trængt sig
I Forstuens Vraa!

32. Til Skovs jeg gik
Til urørt Lund,
Til Tryllevaands Fund,
Og Tryllevaand fik.

33. Dig vredes Odin
Og Asabasen,
Alt vender Frey
Imod Dig sin Rasen,
Førend Du onde

Mø endnu
Er ramt af Guders
Tryllegru.

34. Hører Thurser!
Og hører Jætter!
Suttungesønner!
Selv Asaætter!
Hvor Forbud for Møen,
Hvor Ban for Møen
Mod Mands Fornøjelse
Her jeg sætter,
Mod Mands Omgjængelse
Her jeg sætter.

35. Thursen, som have
Dig skal dernede
Ved Dødens Port,
Mon Frostgrim hede.
Gede — Addel
Ved Altræets Rod
Dig Skrællinger byde,
Bedre Drik
Du aldrig nyde,
Mø! efter Din Vilje,
Mø! efter min Vilje.

36. Thurs jeg rister,
Og trende Stave,
Arghed, Galskab,
Utaal, Du have; —
Hvad paa jeg rister,
Jeg af kan skjære,
Om Saadant skulde
Fornødent være. —

Gerda.
37. Hil Dig være
Da hellere, Svend!
Den fulde Rimkalk
Dig rækkes hen
Med gammel Mjød;
Dog havde jeg tænkt
Aldrig at vorde
Til Vaningen skjænkt.

Skirner.
38. Fuld Besked
Jeg dog maa vide,
Førend jeg heden
Hjem kan ride:
Naar vil Jaord
Du paa Thinge
Njords den mandige
Søn vel bringe?

Gerda.
39. Barrø hedder,
Som begge vi veed,
Lunden, hvor Hvile
Har sit Sted;
Der kan efter
Nætter Ni
Sønnen af Njord
Til Gerda frie.

Da red Skirner hjem. Frey stod ude, anraabte ham, og spurgte Nyt:

40. Siig, Skirner! før Saddel
Af Hesten Du kaster,
Og førend et Skridt

Du fremad haster,
Om Du i Jættehjem
Udrettet fik,
At Sagen efter
Vor Vilje gik?

Skirner.
41. Barrø hedder,
Som begge vi veed,
Lunden, hvor Hvile
Har sit Sted;
Der kan efter
Nætter Ni
Sønnen af Njord
Til Gerda frie.

Frey.
42. Lang er en Nat
Og længere to,
Hvor skal jeg i trende
Bevare min Ro?
Ofte en Maaned
Var mindre lang,
End Halvdelen af
En Nat saa trang.

4. Grottesangen

Grotte hed en Kværn, som Kong Frode ejede, den malede hvadsomhelst han vilde, — Guld og Fred; Fenja og Menja hed Mølleternerne. — Da tog Søkongen Mysing Grotte og lod den male hvidt Salt paa sine Skibe, indtil de sank i Petlandsfjord; der er siden et Svælg, hvor Søen falder i Grottes Øje, og naar Kværnen fnyser, saa fnyser Søen; deraf blev Havet salt.

1. Tilhuse hos Kongen
Kom vi nu,
Fenja og Menja
Med fremviis Hu;
Fredlevssønnen
Frode binder
I Trælleaag
De mægtige Kvinder.

2. De ledtes hen,
Hvor Kværnen laae,
I Gang de satte
Kampen graa;
Ej Rist og Ro
Af ham de nød,
Før Ternesangen
For ham lød.

3. Tavshedsbryderens
Brummen lyder,
Kværnen staaer,
Stenen gaaer,
Meer at male
Han Møer byder.

4. Med Oplyd svunge
De Stenen i Rend,
Da søvnede Frodes
Fleste Mænd,
Kvad saa Menja
Denne Sang —
Nu havde hun faaet
Sin Mølle paa Gang:

5. Paa Lykkekværnen
Vi male Frode,
Rig og sæl,
Velstand den gode:
Paa Guld han sidde!
Paa Duun han sove!
Med Lyst han vaage!
Vort Værk vi love.

6. Her skal Ingen
En Anden skade,
Ej pønse paa Ondt,
Ej dræbe lade;
Ej svinges det hvasse
Sværd af Haand,
Om Broders Bane
End træffes i Baand.

7. Hans Ord ej lød,
Før saa han bød:
"Sover ej længer,
End Hanen paa Stang,
Sover kun, mens
Jeg nynner min Sang!

Menja.
8. Er, Frode! Du end
En veltalende Mand,
Paa Trællekjøb havde
Du liden Forstand;
Du valgte paa Huld
Og gode Kræfter,
Men Ætten spurgte
Du ikke efter.

9. Haard var Hrungner
Og Hrungners Fa'er,
Endnu stærkere
Thjalfe var;
Ide og Ørner
Vor Stamslægt alle,
Bjergrisebrødre
Vi Fædre kalde.

10. Ej skulde Grotte
Fra Fjældet graa,
Ej haarden Hald
Fra Jord udgaae,
Ej skulde Bjergmø
Møllen vende,
Havde blot Nogen
Nys om hende.

11. I Vintre ni
Under Jorden var
Og voxed det stærke
Søsterpar,
Storværk Møerne
Syslede med,
Klippesæder
Vi flytted afsted.

12. Fjælde vi vælted
I Risers Hjem,
Grunden skjælvede
Under dem,
Rullestene
Og Kampeskrog
Slynged vi did,
Hvor Mænd dem tog.

13. Siden vi traadte
I Folkestand,

Fremvise tvende,
Paa Sverrigs Land,
Brøde Skjolde
Og Bjørne vog,
Gjennem graasærket
Hær vi drog,
Styrted en Fyrste,
En anden vi støtted,
Den brave Guttorm
Vor Bistand nytted,
Først Hvile Man nød
Ved Forfølgerens Død.

14. Saa fore vi fort
I nogen Tid,
Da vare vi holdte
Som Kjæmper i Strid,
Af Vunder lode vi
Blodet springe
For skarpe Spyd
Og væded vor Klinge.

15. Nu ere vi komne
Til Kongens Land,
Miskundløse
I Trællestand;
Vi fryse om Hoved,
Gruus slider vor Fod,
Fredsværket vi drage
Med sorrigfuldt Mod.

16. Haanden ej længere
Halden skal svinge,
Jeg har ej mere
Til Mølle at bringe;
Her er om Hvile
For Haand dog ej Tale,

Førend Kong Frode
Faaer nok af at male.

17. Hænder nu haarden
Haandskaft holde,
Vaaben, som blodigt
Fald skal volde.
Vaagn Frode! vaagn op!
Hvis Du vil opfange
Møernes Sandsagn,
Møernes Sange.

18. Østen for Borgen
En Ild jeg skuer,
Manddrab forkynde
Dens varslende Luer,
Paa Stand nu kommer
En Hær tilstede,
Byen den brænder,
Budlungers Sæde.

19. Ej skal Du længere
Lejrestol holde,
Ringene røde
Og Kværnen, den bolde.
Søster! Sæt skarpere
Skaftet i Gang,
Ej blodig Kamp
For vor Vugge man sang.

20. Nu mol min Faders
Mø med Vælde,
Thi Folkemasser
Hun saae dem fælde;
Store Støtter
Fra Rammen sprang,
Jernvarder;
Hold Møllen i Gang!

21. Mere vi male;
Halvdaners Pode,
Yrsas Søn,
Skal hævne Frode;
Begge vi vide,
Han for sin Moder
Baade skal hedde
Søn og Broder.

22. Saa mole de Møer
Et mægtigt Værk,
Thi Jættehuen
Var ungdomsstærk.
Da skjælvede Skaftet,
Sig Rammen forskjød,
Itu den svære
Hald sig brød.

23. Et Ord de Bjergkvinder
Høre lode:
Ret som vi sagde,
Vi maled' for Frode,
Til Enden de Møer
Ved Møllen stode.

5. Hammerhentningen
eller **Kvadet om Thrym**

1. Vred blev Vingthor,
Han vaagnede brat
Og kunde ej faae
Sin Hammer fat;
Sit Hoved han rysted
Og Skjægget skaged,
Jordsønnen rundt
Omkring sig raged.

2. Allerførst han
Det Ord da melder:
Hør nu, Loke!
Hvad jeg fortæller,
Hvad Ingen paa Jord
Og i Himmel har anet:
Af Tyvehaand
Er min Hammer ranet.

3. Til Freyas favre
Huus de foer,
Allerførst mælte han
Dette Ord:
"Freya! Din Fjederham
Laan os den,
Om jeg kunde hitte
Min Hammer igjen."

Freya.
4. End var den af Guld,
Saa fik Du den,
End var den af Sølv,
Jeg gav den hen.

5. Loke da suste
Og Hammen bruste,
Fra Asers Gaarde
Fløj han frem.
Indtil han kom
Til Jættehjem.

6. Der sad Thursedrot
Thrym paa Bakke,

Lavede Guldbaand
Til sin Rakke,
Striglede Manken
Paa sin Blakke,

Thrym.
7. Hvor staaer det i Asers
Og Alfers Hjem?
Hvi kommer Du her
Saa ene frem.

Loke.
Ilde staaer det
I deres Hjem,
Lorrides Hammer
Har Du igjem.

Thrym.
8. Lorrides Hammers
Skjulested
Er otte Raster
I Jorden ned,
Ingen skal hente
Der den ud,
Med mindre han bringer
Mig Freya til Brud.

9. Loke da suste
Og Hammen den bruste,
Ud han fløj
Fra Jættehjem,
Til Asers Gaarde
Kom han frem.
Midt i Gaarde
Han mødte Thor,
Som allerførst mælte
Dette Ord:

10. Fikst Du Noget,
For Din Umag?
Fortæl fra Luften
Den hele Sag;
Siddende Mand
Tidt falder i Staver,
Og liggende Mand
Tidt Løgne laver.

Loke.
11. Jo, Noget fik jeg
For min Besvær,
Hos Thursedrot Thrym
Din Hammer er;
Men derfra Ingen
Kan hente den ud,
Med mindre han fører
Ham Freya til Brud.

12. De gik, hvor den favre
Freya sad,
Og allerførst dette
Ord han kvad:
"Freya bind Brudelin
Om Dig paa Stand,
Vi to skal age
Til Jætteland."

13. Vred blev Freya,
Hun fnyste saa kvik,
At Gudesalen
En Rystning fik
Og Brisingemen
I Stykker gik:
"Kald mig den Galeste
Efter Mand,
Hvis Dig jeg følger
Til Jætteland."

14. Alle Aser
Paa Thinge vare,
Asynier alle
I samme Skare,
Paa Raad de mægtige
Guder gaae,
Hvorlunde de skulde
Den Hammer faae.

15. Kvad da Heimdal
Den As saa hvid —
Som Vaner han kjendte
Den kommende Tid:
"Om Thor vi binde
Et Brudeklæde,
Han bære Brisinge —
Men det brede.

16. Fra Bæltet vi lade
Nøgler klinge,
Kvindeklæder
Hans Knæ omringe,
Med Stene vi pynte
Ham Brystet op,
Og sætte ham pænt
En Hovedtop."

17. Det kvad da Thor
Den tappre Gud:
"For Kjælling skjældte
Mig Aser ud,
Om jeg lod binde
Mig Lin som Brud."

18. Meldte da Loke
Løvøemand:
"Thor, med Sligt
Du tie paa Stand,
Snart vilde Jætter
Asgaard tage,
Naar ej Din Hammer
Du fik tilbage."

19. Om Thor de bandt da
Brudeklæde,
Bar han Brisinge —
Men det brede;
Nøgler de lode
Fra Beltet, klinge,
Kvindeklæder
Hans Knæ omringe,
Med Stene de pynted
Ham Brystet op,
Og satte ham pænt
En Hovedtop.

20. Det meldte da Loke
Løvøemand:
"Jeg vil være
Din Terne forsand,
Sammen vi age
Til Jætteland!"

21. Hjem bleve Bukkene
Drevne snart,
Spændte for Skagler
Til Hurtigfart,
Bjærgene brast,
Jord gik i Brand,
Odins Søn aged
Til Jætteland.

22. Det kvad Thrym
Den Thursemand:
"Op nu Jætter

Gjør Bænke istand,
Fører mig Freya
Til min Favn,
Datter af Njord
Fra Skibestavn."

23. Driv guldhornede
Køer sammen,
Kulsorte Øxne
Til Jætters Gammen;
Skatte og Smykker
Af dem har jeg nok,
Freya alene
Mangled i Flok."

24. Tidlig i Kvæld
Var Gjæstebud,
Øl blev baaren
For Jætter ud;
Thor aad en Oxe,
Otte Laxe,
Alt Kraaseri
Som for Kvinder var,
Af Mjød han tømte
Trende Kar.

25. Det kvad Thrym
Den Thursedrot:
"Hvor saae man Brud,
Der bed saa godt?
Ej saae jeg Brud,
Der bredere bed,
Eller Mø, som mere
Mjød satte ned."

26. Den flinke Terne
I Nærhed var,
Paa Jættens Tale
Hun vidste Svar:
"Freya har fastet
I otte Nætter,
Saa hidsigt længtes hun
Efter Jætter.

27. Han løftede Sløret
For Kys at faae,
Men foer tilbage
Til Salens Vraa:
"Hvor kunne dog Freyas
Øjne stikke?
Dér farer jo Ild
Af hendes Blikke."

28. Den flinke Terne
I Nærhed var,
Paa Jættens Tale
Hun vidste Svar:
"Ej Søvn fik Freya
I otte Nætter,
Saa hidsigt længtes hun
Efter Jætter."

29. Ind kom Jættens
Grimme Søster,
Hun Brudegave
At kræve lyster:
"Lad røde Ringe
Af Haanden gaae,
Hvis Du vil Gunst
Hos mig opnaae,
Gunst hos mig
Og Hyldest faae."

30. Kvad da Drotten
I Jættehjem:

"Til Brudevigsel
Bring Hammeren frem,
Læg saa Mjølner
I Møens Skjød,
Og vie os sammen
Som Var det bød!"

31. Loe da Lorrides
Sind i Bryst,
Han kjendte sin Hammer
I stridbar Lyst;
Først Thursedrotten
Thrym han slog,
Saa hele Jættens
Æt han vog.

32. Faldt da Jættens
Søster den Gamle,
Der Brudegave
Sig vilde samle;
Smæk for Skillinger
Maatte hun tære,
Hammerdask
For Ringe bære. —
Men Thor nu atter
Sin Hammer fatter.

6. Dværg Alviis

Alviis.
1. De Bænkene bolstre,
Nu Brud skal drage
I Følge med mig,
For hjem at tage;
At stærkt der hastes,
Enhver maa tro,
Men hjemme skal Intet
Forstyrre vor Ro.

Thor.
2. Hvad er det for en Fyr,
Saa bleg om Næsen?
Med Lig du inat
Vist drev dit Væsen?
Lidt Thurseagtig
Du seer mig ud,
Og Du skulde være
Skabt for en Brud?

Alviis.
3. Alviis jeg hedder,
Nede i Jord
Jeg bygger, og under
Stenen boer.
Hos Vognens Mand
Besøg jeg gjør,
Faste Løfter
Ej brydes tør.

Thor.
4. Jo! jeg skal bryde!
Ved Brudens Pagt
Har jeg, som Fader,
Den største Magt.
Da Løfter Du fik,
Var jeg ej hjemme,
Kun En blandt Guder
Din Sag kan fremme.

Alviis.
5. Hvo er den Rekel,
Som her vil sige,
Han raader for favert
Skinnende Pige?
I Spydigheder

Mod Folk at rette
Vist næppe Nogen
Dig højt vil sætte;
Hvo gav Dig Penge
For her at komme
Og ind Dig mænge?

Thor.
6. Vingthor hedder jeg,
Sidskjægs Søn,
Vide omkring
Jeg foer paa Røn;
Men Du skal aldrig
Uden mit Minde
Ungmøen have
Og Ægteskab vinde.

Alviis.
7. Snart dit Minde
Jeg da maa have
Og Ægteskab vinde;
Heller jeg favner
Den sneehvide Mø,
End hende savner.

Thor.
8. Møens Elskov
Man Dig at nyde,
Vise Gjæst!
Vil ej forbyde,
Hvis Du fra hver
En Verdens Rige,
Hvad jeg vil vide,
Mig Alt vil sige.

Alviis.
9. Spørg da Vingthor,
Siden det huer

Dig nu at rønne,
Hvad Dværgen duer;
Verdener ni
Har jeg besøgt,
Hvert et Væsen
Kjender min Kløgt.

Thor.
10. Siig mig Alviis,
Thi det er mig klart,
Dværg! at Du kjender
Allemands Art:
Hvad monne Oldenes
Sønner kalde
Jord, som bredes
For Verdener alle?

Alviis.
11. Fold hos Aser
Og Jord hos Mænd,
Veje af Vaner
Kaldes den;
Grønladen
Den nævnes hos Jætter,
Groende kalde den
Alfers Ætter,
Grundstof sige
Grundens Magter,
Som opad hige.

Thor.
12. Siig mig Alviis,
Thi det er mig klart,
Dværg! at Du kjender
Allemands Art:
Hvad monne man
Den Himmel kalde,

Hvis Virken føles
I Verdener alle?

Alviis.
13. Lunhvælv hos Guder,
Himmel hos Mænd,
Vindvæver kalde
Vanerne den;
Ophjem siger
Et Jættedrog,
Fagerloft Navnet
I Alfers Sprog,
Men Dryppesal
Hos en Dværgepog.

Thor.
14. Siig mig Alviis,
Thi det er mig klart,
Dværg! at Du kjender
Allemands Art:
Hvilke Navne
Vel Maane har,
Der hver en Verden
Er aabenbar?

Alviis.
15. Hobsamler hos Guder,
Maane hos Mænd,
Rullehjul nævner
En Helbo den;
Skynder hos Jætter,
Og Skin den kaldes
Hos Dværgeætter,
Hos Alfer hedder den
Tidberetter.

Thor.
16. Siig mig Alviis,
Thi det er mig klart,
Dværg! at Du kjender
Allemands Art:
Hvad Tidens Slægter
Vel Solen kalde,
Synlig for dem
I Verdener alle?

Alviis.
17. Sunna hos Guder,
Sol hos Mænd,
Immerglo kalde
Jætterne den;
I Dværgerøster
Nævnes den Lukøies
Legesøster,
Fagerhjul
Hos Alfeseller,
Alskjær nævne den
Asers Fæller[1].

Thor.
18. Siig mig Alviis,
Thi det er mig klart,
Dværg! at Du kjender
Allemands Art,
Hvad Navn i hver en
Verden man hører
Paa Skyer, som Regnens
Skurer fører?

Alviis.
19. Sky hos Mænd,
Hos Guder Regntyder,

---

[1] ɔ: Vanerne.

Vindflaade Navnet
Hos Vanerne lyder,
Vandpøs hos Jætter,
Hos Alfer Vejrmagt,
Hyllehjælm bli'er
Hos Hel der sagt.

Thor.
20. Siig mig Alviis,
Thi det er mig klart,
Dværg! at Du kjender
Allemands Art:
Hvad monne man
Vel Vinden kalde,
Som videst farer
I Verdener alle?

Alviis.
21. Flagrer hos Guder,
Vind hos Mænd,
Vrinsker hos Højmagter
Nævner man den,
Hyler hos Jætter
Og Drønfarer
Hos Alfer, men Ræber
Hos Hels Skarer.

Thor.
22. Siig mig Alviis,
Thi det er mig klart,
Dværg! at Du kjender
Allemands Art:
Hvad monne man vel
Lugnet kalde,
Der ligge skal
I Verdener alle?

Alviis.
23. Lugn hos Mænd,
Blikstille hos Guder,
Vindro igjen
Det nævnes hos Vaner,
Kvalme hos Jætter,
Men Dagmilde
Hos Alfeætter,
Og Dagro
I Dværgebo.

Thor.
24. Siig mig Alviis,
Thi det er mig klart,
Dværg! at Du kjender
Allemands Art:
Hvad monne man vel
Havet kalde,
Hvorover man roer
I Verdener alle?

Alviis.
25. Sø kalde det Mænd,
Guder Grundhviler,
Jætter Aalhjem,
Vaner Topiler
Vædskestøtte
I Alfers Rige
Det nævnes, men Dybhav
Dværgene sige

Thor.
26. Siig mig Alviis,
Thi det er mig klart,
Dværg! at Du kjender
Allemands Art:
Hvad monne Oldenes

Sønner kalde
Ilden, som brænder
I Verdener alle?

Alviis.
27. Funker hos Aser,
Ild hos Mænd,
Flakker kalde
Vanerne den,
Hos Dværge nævnes den
For-Brænder,
Slughals hos Jætter,
Hos Hel Dødsender.

Thor.
28. Siig mig Alviis,
Thi det er mig klart,
Dværg! at Du kjender
Allemands Art:
Hvad monne Oldenes
Sønner kalde
Skoven, som voxer
I Verdener alle?

Alviis.
29. Markmanke hos Guder
Og Skov hos Mænd,
Bjergtang kalde
Dødninge den;
Vaand hos Vaner,
Brænde hos Jætter,
Fagergrenet
Hos Alfeætter.

Thor.
30. Siig mig Alviis,
Thi det er mig klart,
Dværg! at Du kjender
Allemands Art:
Hvorledes monne man
Natten kalde,
Af Nørve avlet
I Verdener alle?

Alviis.
31. Festløs hos Guder,
Nat hos Mænd,
Maske kalde
Højmagter den;
Ulys hos Jætter,
Hos Alfeætter
Søvngammen,
Men Drømvæverinde
Hos Dværgestammen.

Thor.
32. Siig mig Alviis,
Thi det er mig klart,
Dværg! at Du kjender
Allemands Art,
Hvad Oldenes Sønner
Sæden kalde,
Der udsaaet bliver
I Verdener alle?

Alviis.
33. Bar blandt Guder,
Byg hos Mænd,
Væxt hos Vaner
Man kalder den;
Æde hos Jætter,
Hos Alfeætter
Saftstok,
Men Hængehoved
Hos Dødningeflok.

Thor.
34. Siig mig Alviis,
Thi det er mig klart,
Dværg! at Du kjender
Allemands Art:
Hvad monne Oldenes
Sønner kalde
Øllet, som drikkes
I Verdener alle?

Alviis.
35. Øl hos Mænd,
Bjor det nævnes
Hos Aser igjen,
Vanerne kalde det
Qvægende Kraft;
Men Jætterne sige
Den rene Saft,
Navn af Mjød
Hos Hel det faaer,
Suttungs Fæller[1]
Det kalde Godtaar.

Thor.
36. Aldrig saae jeg
En Hjærnekasse
Rumme en større
Lærdomsmasse.
Men nu maa jeg sige,
At narret Du er
Ved List uden Lige;
Thi, Dværg! alt Solen
I Salen skinner,
Og oven Jorde
Dig Dagen finder.

---

[1] ɔ: Dværgene.

7. Balders Drømme
eller Kvadet om Vejvant

1. Alle Aser
Mødte paa Thing,
Asynier alle
I Raadets Ring;
Derpaa grundede
Mægtige Guder,
Hvad Balders svare
Drøm bebuder.

2. Meget værkede
Gudens Blunden,
Lykken syntes
I Søvne svunden;
Fremtids Varsler
Jætterne søgte,
Om Ondt man kunde
Af Sligt befrygte.

3. Varslerne løde:
Ullers Frænde,
Den Elskelige,
Sit Liv skal ende;
Frigga, Odin
Og alle Magter
Smerten rammer —
Paa Raad man agter.

4. Til alle Væsener
Bud skal gange,
Skaansel og Fred
For Balder at fange;
Alle loved
At sværge Fred,
Frigga tog Alle
I Løfte og Eed.

5. Valfader aner,
At Fejl er derved,
At Vartegnsaanderne
Ej vare med;
Til Slutningsraad
Han Aserne kalder,

Megen Tale
Paa Stævnet falder.

6. Da rejste sig Odin,
Oldenes Rod,
Saddel paa Sleipner
Han lægge lod,
Mod Niflhel deden
Styred han hen,
Fra Hel der kom ham
En Hvalp igjen.

7. Blod paa Bryst,
Om Morderflab
Og Kjævehæng,
Han slog sit Gab
Gjøende fræk
Mod Galdrets Fader,
Og tudede væk.

8. Frem red Odin,
Det dundred i Jord,
Til Hels det høje
Huus han foer;
Mod Øst for Porten
Sig Ygger begav,
Der vidste han fandtes
Valas Grav.

9. Valgaldre han for
Den Kloge sang,
Mod Norden skrev han
Tegn paa Stang,
Mumlede Ramser,
Om Sandsagn bad —
Da nødtes hun frem
Og Dødsord kvad:

10. Hvad ukjendt Mand
Er kommen her,
Og haver mig øget
Mit Sindsbesvær?
Død laae jeg længe,
Hvor Sneen driver,
Regnen pidsker
Og Duggen siver.

11. Vejvant jeg hedder,
Er Kampvants Søn,
Siig Nyt fra Hel,
Tag Livsnyt iløn:
For hvem er Bænken
Saa kosteligt redt,
Og Sædet herligt
Med Guld beklædt?

12. Mjød stander her,
For Balder brygget,
En Drik saa skjær;
Skjold den bedækker,
Fortvivlede ere
Asers Rækker.
Jeg talte nødig,
Nu tier jeg mødig.

13. Ti ej Vala!
Jeg fritter Dig ud
Til Alt jeg veed;
Siig end paa mit Bud:
Hvo skal vorde
Balders Bane,
Og Odinssønnen
Livet rane?

14. Navnkundig Kvist
Hæver Høder hist.

Han skal vorde
Balders Bane
Og Odinssønnen
Livet rane.
Jeg talte nødig,
Nu tier jeg mødig.

15. Ti ej Vala!
Jeg fritter Dig ud
Til Alt jeg veed;
Siig end paa mit Bud:
Hvilken Hævner
Skal Høder tvinge,
Og Balders Bane
Paa Baalet bringe?

16. Søn føder Rinda
I Vesterlide,
Natgammel Odins
Søn skal stride.
Ej Haar kan kæmmer,
Ej Haand han tvætter,
Før Balders Bane
Paa Baal han sætter.
Jeg talte nødig,
Nu tier jeg mødig.

17. Ti ej Vala!
Jeg fritter Dig ud
Til Alt jeg veed;
Siig end paa mit Bud:
Hvo ere de Tøjter,
Som græde for Løjer
Og flage mod Himlen
Med Nakkesløjer?

18. Ej er Du Vejvant,
Som før det lod,
Snarere Odin,
Den gamle Rod.

19. Ej er Du Vala,
Ej Kone klog,
Men Moder til trende
Thursedrog.

20. Rid hjem nu Odin
Og nyd Din Priis!
Mig Ingen skal søge
Paa saadan Viis,
Førend Loke
Løsnes af Baand,
Og Magternes Bane
Truer for Haand.

8. Vafthrudner
eller **Vidkjæmpen**

Odin.
1. Frigga, dit Raad
Du skjænke mig nu,
Thi Vandrelysten
Betog min Hu;
Vidkjæmpens Hjem
Jeg søge vil.
En mægtig Begjær
Mig driver til
Med denne Jætte,
Som Alt skal vide,
I gamle Viisdoms-
Stykker at stride.

Frigga.
2. Vist Gudehjemmet,
Om jeg skulde raade,
Hærfader vilde
Nu bedre baade;
Thi ingen Jætte
Jeg turde sige
At være i Styrke
Vidkjæmpens Lige.

Odin.
3. Vide jeg foer,
Har meget prøvet,
Og Spil med mange
Magter øvet;
Det fremdeles
Jeg vide skal,
Hvordan det staaer til
I Vidkjæmpens Hal.

Frigga.
4. Hil Du fare!
Hil atter Du komme!
Hil Mellemfærden!
Dit Snille Dig fromme,
Naar Du, vor Fader,
For vexlende Tid

Med Jætten skal prøve
En Tankestrid.

5. Foer da Odin,
Ordvid at friste
Hos denne Jætte,
Som Alting vidste;
Til Hallen han kom,
Tvivlfaders Sæde,
Ygger indenfor
Strax monne træde.

Odin.
6. Hil vær Vidkjæmpe!
Jeg kom i din Hal
At se dig selv.
Først vide jeg skal:
Er viis Du, og veed
Om Alt Besked?

Vidkjæmpen.
7. Hvo er den Mand,
Der til mine Sale
Tør komme og føre
Saadan Tale?
Ud kommer Du ej
Fra Hallen meer,
Hvis ej som den Visere
Du Dig teer.

Odin.
8. Godraad jeg hedder,
Nu tørstig jeg kom
Fra Vejen hid
Til Din Ejendom;
Trængt jeg har
Paa min lange Vej

At bydes til Selskab,
Jætte! hos Dig.

Vidkjæmpen.
9. Hvi staaer Du og taler
Paa Gulvet der?
Kom, Godraad, og sæt Dig
I Salen her!
Vi prøve da, hvem
Af os veed meest,
Den gamle Taler
Eller hans Gjæst.

Godraad.
10. Fattigmand maa
Ved Rigmands Gilde
Tale godt
Eller tie stille;
Ham vil Ordstrømmen
Lidet nytte,
Som med en Koldsindig
Har at skjøtte.

Vidkjæmpen.
11. Siig mig Godraad,
Da det er Din Vilje,
Mens Lykken Du prøver,
At staae paa Tilje:
Hvad hedder den Hest,
Af hvem hver Dag
Drages hen
Over Folkeslag?

Godraad.
12. Skinmanke det er,
Som skjæren Dag
Drager hen

Over Folkeslag;
Den bedste Hest
I Ridgothers Tanke,
Lyset strømmer
Af Gangerens Manke.

Vidkjæmpen.
13. Siig mig det Godraad,
Da det er Din Vilje,
Mens Lykken Du prøver,
At staae paa Tilje:
Hvilken Hest
Lader Nat fremskride
Over gavnrige Magter
Fra Østerlide?

Godraad.
14. Den Hest, som hver en
Nat fremleder
Over gavnrige Magter,
Riimmanke hedder;
Hver Morgen af Milen
Draaber dryppe,
Dem er det, som Duggen
I Dale yppe.

Vidkjæmpen.
15. Siig mig det Godraad,
Da det er Din Vilje,
Mens Lykken Du prøver,
At staae paa Tilje:
Hvad hedder den Aa,
Som Mærke sætter
Mellem Land for Guder
Og Sønner af Jætter?

Godraad.
16. Tvivl er Aaen,
Som Mærke sætter
Mellem Land for Guder
Og Sønner af Jætter;
Aaben den flyder,
Mens Verden staaer,
Iis paa Aaen
Man aldrig faaer.

Vidkjæmpen.
17. Siig mig det Godraad,
Da det er Din Vilje,
Mens Lykken Du prøver,
At staae paa Tilje:
Hvad hedder den Mark,
Hvor Surt skal møde
De milde Guder
Til Mandeøde?

Godraad.
18. Drabridt hedder Marken,
Hvor Surt skal møde
De milde Guder
Til Mandeøde;
Hundrede Raster
Paa hver en Led
Er Marken bebudet
Som Kampens Sted.

Vidkjæmpen.
19. Viis er Du, Gjæst!
Tag Sæde hos Jætten,
Og lad os siddende
Skille Trætten
Gjæst! nu i Hallen

Paa Viisdomssind
Hoved mod Hoved
Vi sætte ind.

Godraad.
20. Siig for det Første,
Vidkjæmpe! nu,
Hvis opvakt Du er
Og seer det i Hu:
Hvorfra kom Jord
Og Himmelrand
Fra først, Du kløgtige
Jættemand?

Vidkjæmpen.
21. Jorden blev skabt
Af Ymers Kjød,
Havene af hans
Blod udflød,
Af Benene monne man
Bjærge danne,
Og Himlen af iiskolde
Jættes Pande.

Godraad.
22. Siig for det Andet,
Vidkjæmpe! nu,
Hvis opvakt Du er
Og seer det i Hu:
Hveden Maane, som fa'r
Over Mændene hen,
Sit Ophav leder
Og Sol med den?

Vidkjæmpen.
23. Tidsfodflytter
Maanfaderen hedder,

Fra ham og Sol
Sit Udspring leder;
Hver sin Bane
Paa Himlen gaaer
Daglig, at tolke
For Slægterne Aar.

Godraad.
24. Siig for det Tredje,
Vidkjæmpe! nu,
Alt som Du er klog
Og seer det i Hu:
Hveden Dag, som over
Drotfølge drager,
Eller Nat, med Skifter,
Sit Udspring tager?

Vidkjæmpen.
25. Delling Dagens
Fader hedder,
Nat fra Nørve
Sit Udspring leder,
Ny og Næ
Af gavnrige Magter
Skabtes, paa dem
Man Tiden agter.

Godraad.
26. Siig for det Fjerde,
Vidkjæmpe! nu,
Alt som Du er viis
Og seer det i Hu:
Hveden Vinter
Med varmen Sommer
Først til Vise
Magter kommer?

Vidkjæmpen.
27. Vindsval Vinters
Fader hedder,
Fra Mildkjær Sommer
Sit Udspring leder;
Begge de skifte
Aar for Aar,
Til Undergangen
Magterne naaer.

Godraad.
28. Siig for det Femte,
Vidkjæmpe! nu,
Alt som Du er viis
Og seer det i Hu:
Hvo ældst af Aser
Eller Ymers Æt
Til Verden i Tiden
Først blev stedt?

Vidkjæmpen.
29. Utallige Vintre,
Førend Jorden
Skabtes, da var
Bergelmer vorden,
Thrudgelmer kalder
Man dennes Fader,
Men Ørgelmer var
Hans Bedstefader.

Godraad.
30. Siig for det Sjette,
Vidkjæmpe! nu,
Alt som Du er klog
Og seer det i Hu:
Hveden Ørgelmer,
Den Jætte klog,

Med Jætteslægten
Sit Ophav tog?

Vidkjæmpen.
31. Fra Vildstorms-Vover
Det edderkoldt flød
I Dynge, til Jætten
Blev deraf fød;
Med Gnister det fløj
Fra Sønderhjem,
I Riim kaldte Gløden
Livet frem.

Godraad.
32. For det Syvende siig,
Vidkjæmpe! nu,
Alt som Du er klog
Og seer det i Hu;
Hvor stærken Jætte
Vel Børn kunde vinde,
Han havde ej Gammen
Med Jættekvinde?

Vidkjæmpen.
33. Under Rimthussens Axel,
Vil man sige,
Voxede baade
Dreng og Pige;
Den vise Jættes
Fod med Fod
Sexhovedet Søn
Fremkomme lod.

Godraad.
34. For det Ottende siig,
Vidkjæmpe! nu,
Alt som Du er viis

Og seer det i Hu:
Hvad først Du mindes
Og tidligst veed,
Du kjender jo, Jætte!
Til alt Besked.

Vidkjæmpen.
35. Utallige Vintre,
Førend Jorden
Skabtes, da var
Bergelmer vorden;
Først mindes jeg, at
Hin vise Jætte
Man udi Arken
Monne sætte.

Godraad.
36. For det Niende siig,
Vidkjæmpe! nu,
Alt som Du er klog
Og seer det i Hu:
Hvorfra kommer Vind
Over Hav at fare,
Den selv ej øjnes
Af Mændenes Skare?

Vidkjæmpen.
37. Ved Himlens Ende
Er Ligsvælg stedt,
I Ørneham
Er den Jætte klædt,
Ud fra hans Vinger
Skal fare hen
Vind, som kommer
Over alle Mænd.

Godraad.
38. For det Tiende siig,
Vidkjæmpe! nu,
Hvis Guders Bane
Staaer klar for din Hu:
Hvorfra monne Njord
Til Aserne komme?
For talrige Altre
Og Helligdomme
Han raade kan,
Og dog er han ikke
Af Asestand.

Vidkjæmpen.
39. Viismagter ham skabte
I Vanahjem,
Og sendte som Gidsel
Til Guderne frem;
I Tidens Ende
Til vise Vaner
Han hjem skal vende.

Godraad.
40. For det Ellevte siig,
Vidkjæmpe! nu,
Hvis Guders Bane
Staaer klar for din Hu:
Hvad Værk Hærfaders
Storhelte bedrive,
Til Magterne sig
I Døden give?

Vidkjæmpen.
41. I Odins Hjemstavn
Hver en Dag
Alle Storheltene
Vexle Slag;
Efter Valg den Ene

Den Anden fælder,
Hjemredne de sidde
Som enige Seller.

Godraad.
42. Siig for det Tolvte,
Vidkjæmpe! Besked,
Hvorfra saa grant
Du Gudefærd veed?
Af Jætters Runer,
Altvidende Jætte!
Og alle Guders
Du sandest berette.

Vidkjæmpen.
43. Af Jætters Runer
Jeg Sandt kan sige
Og alle Guders,
Fordi hvert Rige
Jeg rejste om;
Til Verdener ni
Jeg alle kom,
Fra Niflhel nederst,
Hvor døde Mænd
Ved Død fra Hel
Endnu komme hen.

Godraad.
44. Vide jeg foer,
Har meget prøvet,
Og Spil med mange
Magter øvet:
Mon Mennesker blive
Endnu ilive,
Naar Fimmelvinteren
Uden Lige
Er gaaen hen over
Jorderige.

Vidkjæmpen.
45. Ja Liv og Livslyst
Skjul i Skatmimers
Skov de vinde,
Næring i Morgen-
Duggen finde;
Ned fra dem
Stamme Slægter frem.

Godraad.
46. Vide jeg foer,
Har meget prøvet
Og Spil med mange
Magter øvet:
Hvorfra kommer Sol
Paa Himmelgrund,
Naar denne havner
I Ulvemund?

Vidkjæmpen.
47. Af Alfeglands
En Datter fødes,
Før hendes Liv
Af Fenrer ødes;
Sin Moders Bane
Skal denne Mø
Atter befare,
Naar Magter døe.

Godraad.
48. Vide jeg foer,
Har meget prøvet,
Og Spil med mange
Magter øvet:
Hvilke ere
De Møer, som glide
Over Hav og kyndige
Vejene vide?

Vidkjæmpen.
49. Sønnelysts Møer
I tredeelt Skare
Ned over Verdens
Bygder fare;
Til Vartegn ere
De særskilt kaarne
For Verdens Børn,
Med Jætter dog baarne.

Godraad.
50. Vide jeg foer,
Har meget prøvet,
Og Spil med mange
Magter øvet:
For Guders Eje
Hvo raader af Aser,
Naar Surterbranden
Ej mere raser?

Vidkjæmpen.
51. Naar Branden er slukt,
Skal Vidar og Vale
Beboe de hellige
Gudesale,
Men Mode og Magne
Hammeren holde
Og sejrende Kampens
Udgang volde.

Godraad.
52. Vide jeg foer,
Har meget prøvet,
Og Spil med mange
Magter øvet:
Hvad skal Livet
For Odin øde,
Naar alle Magterne
Gange tildøde?

Vidkjæmpen.
53. Ulven skal sluge
Oldenes Fader,
I Vidar en Hevner
Han efterlader;
Thi ved dets kolde
Kjæft at kløve
Paa Varseldyret
Han Drab skal øve.

Godraad.
54. Vide jeg foer,
Har meget prøvet,
Og Spil med mange
Magter øvet:
Før Odin Sønnen
Paa Baalet lagde,
Hvad mon han selv
Ham i Øret sagde?

Vidkjæmpen.
55. Ej Een det veed,
Hvad Du din Søn
I fordums Dage
Hvidsked i Løn.
Med Død paa Læben
Jeg tolked her
De gamle Runer
Og Guders Færd:
Med Odin prøved
Jeg Snillekrig,
Men Du er visest
Evindelig.

9. Rigs Færd

Saa sige Mænd i gamle Sagn, at En af Aserne, han som kaldes Heimdal, gik sin Gang langs med en Havkyst, kom til en Husby, og nævnte sig Rig. Efter saadant Sagn er dette kvædet:

1. Man siger, at fordum
Monne gange
Mægtig og prægtig
Ad grønne Vange
En kyndig Gud,
Rig han hed,
Stærk og rask
Var hans Fjed.

2. Den lige Vej
Han stande lod,
Og kom til Huus,
Der aabent stod;
Ind gik han, Ild
Paa Gulvet var,
Der sad et graanet
Ægtepar
Oldemor,
Med gammeldags Sæt,
Og Oldefar.

3. Rig gav paa gode
Raad Forstand,
Midt paa Bænk
Sig satte han,
Ved hver hans Side
Kone og Mand.

4. Nu Oldemor tog
En knudret Lev,
Tung og tyk
Og fuld af Klid,
Hun lagde paa Disk,
Der braset blev,
En Skaal med Suppe
Satte hun hid,
Den sødne Kalv
Var lækkrest Bid.

5. Han rejste sig for
Til Sengs at stige,
Gode Raad
Kunde Rig dem sige,
Midt i Sengen
Hvilede han,
Ved hver hans Side
Kone og Mand.

6. Saa var han der
Tre Døgn forbi;
Saa vandred han vid're
Paa sin Sti;
Saa led derefter
Maaneder ni.

7. Oldemor
Da fik et Nor,
Løden i det
Sorte faldt,
Han vatnedes
Og Træl blev kaldt.

8. Op han voxed
Og trivelig var,
Skrubbet Skind
Paa Næven bar,
Knoer føre,
Fingre plumpe,
Af Ansigt styg,
Med lange Hæle
Og kroget Ryg.

9. Øved han saa
Sit Haandelag
Ved Bast at binde
Og Bylter gjøre;
Hver en Dag
Kvas han monne
Til Hjemmet føre.

10. Der til Huse
En Kvinde kom,
Ty hun kaldtes
Og traskede om
Med Foden vablet,
Arm var solbrændt,
Næsen snablet.

11. Midt paa Bænk
Hun Sæde tog,
Husets Søn
Til hende drog,
De hvidsked og tisked
I Gry og Kvæld,
De redte sig Leje,
Ty og Træl.

12. Børn avlede
De tilsammen,
Byggede Alle
Der med Gammen;
Sønnerne hed,
Saavidt jeg veed:
Tudhorn, Røgter,
Klør og Klumpe,
Kjæphøj, Grimenak,
Tyksak, Drombe,
Drævseen, Hvæsling,
Krumryg, Skjævbeen;
Agre de møged,
Røgtede Sviin,

Gjærder de laved,
Vogtede Geder
Og Tørv graved.

13. Der var Døttre:
Dorsk og Stump,
Snabelnæse,
Kalleklump,
Skralle, Terne,
Ilterteen,
Uldenpjalt
Og Tranebeen.
Ned fra dem
Stamme Trælle frem.

———

14. Rig gik atter
Vejen frem,
Og kom til Huus
Med Dør paa Klem.
Ind gik han, Ild
Paa Gulvet var,
Der sad og sysled
Et Ægtepar.

15. Træ til Væven
Tællede Manden,
Skjægget studset,
I Haaret for Panden
Et Skar sig viste,
Skjorten snever,
Paa Gulvet en Kiste.

16. Konen sad
Og drejede Rok,
Maalte i Favn
Til Væverstok;
Haaret i Svikkel,
Paa Brystet Smykke;
Halsdug, Stropper
I Skulderstykke.
Bedstemor og Bedstefar
I deres Eje
Huset var.

17. Rig dem kjendte
Raad saa gode,
Op fra Bord
Til Sengs de stode;
Midt i Seng
Sig lagde han,
Ved hver hans Side
Kone og Mand.

18. Saa var han der
Tre Døgn forbi;
Saa led derefter
Maaneder ni;
Bedstemor med
En Dreng kom ned;
De vatnede ham
Og Karl han hed.
Drengen lagdes
I Svøbet ind,
Øjet spillende,
Haaret rødligt,
Blomstrende Kind.

19. Han voxed til,
Blev stor og stærk;
At tæmme Øxne
Det var hans Værk,
Plov at gjøre,

Tømre Huse,
Lader opføre,
Lave Kærrer
Og Ploven kjøre.

20. Hjem de aged
Til Karl en Brud,
Med Nøglehæng
I Gedeskinds Skrud;
Vakker hun hed
Og Brudelin bar,
Saa vexled de Ringe
Som Ægtepar,
Bredte Lagen
Og satte Bo,
Avlede Børn
Og leved i Ro.

21. De hed Dreng
Og Følgesvend,
Ejermand
Og Underdan,
Smed, Storbonde,
Poseskjæg,
Bolsmand, Husbond,
Gut og Kortskjæg.

22. Andre Navne
Døttrene fik:
Myndig og Ferm,
Snut, Brud, Strunk,
Bly, Højsindig,
Pige, Viv, Prunk.
Frimænds Ætter
Fra dem udgik.

———

23. Men Rig drog Vejen
Frem som før,
Og kom til Sal
Med sydvendt Dør,
Der stænget var
Og en Ring
I Posten bar.

24. Ind gik han, Straa
Paa Gulvet var,
Sad og der
Et Ægtepar,
Fader og Moder
Med Fingerleg
Der hinanden
I Øjet keg.

25. Huusherren sad
Og Pile skjæfted,
Snoede Streng
Og til Elm den hæfted;
Fruen strøg Linned
Og stivede Ærmer —
[Armene gjerne
Hun beskjærmer].

26. Med opsat Hue
Og Brystsmæk paa,
Sid var Kjortlen,
Særken blaa;
Meer skinnende Bryn
Og Bryst at see,
Hvidere Halsen
end Nyfalden Snee.

27. Rig gav paa gode
Raad Forstand,

63

Midt paa Bænk
Sig satte han,
Ved hver hans Side
Kone og Mand.

28. Af Moder en mærket
Dug blev bragt
Af hviden Hør
Og paa Bordet lagt;
Saa tog hun Hvedebrød,
Flade og hvide,
Og satte paa Dugen
Side om Side.

29. Nu kom for en Dag
De fulde Fade
Med Sølvbeslag,
Vildt og Flæsk
Og stegte Fugle,
Viin i Kande,
Paa Bægrene Rande.
De drak og talte
Til Dagens Ende;
Men gode Raad
Kunde Rig dem kjende.

30. Rig da søgte
Søvnens Gammen,
Trende Nætter
De vare sammen;
Saa drog han videre
Vejen fort,
Derefter gik
Ni Maaneder bort.

31.En Svend da monne
Moder bære

Med lyse Haar
Og Kinder skjære;
Han vatnedes, Navn
Af Jarl han fik,
I Silkesløje,
Med hvasse Blik
Som Orm i Øje.

32. Op voxede Jarl
I Fædrenebo,
Lærte at skyde,
Strenge sno,
Skjæfte Pile,
Buen kryste,
Kaste Spyd,
Landsen ryste,
Hesten ride,
Hidse Hund,
Sværdet svinge,
Svømme Sund.

33. Fra Lund did vendte
Den vandrende Rig,
Ham Runer kjendte,
Ham lyste i Kjøn
Som ægte Søn,
Og bød ham vinde
Al Odelsjord,
De gamle Bygders
Odelsjord.

34. Siden ad dunkle
Veje han red
Og kolde Fjælde
Til Hallens Sted.
Han Spyd mon ryste
Og Landse svinge,
Sporede Hesten

Og drog sin Klinge,
Yppede Strid,
Lod Slaget stande,
Fældede Val
Og vandt sig Lande.

35. Saa løde atten
Gaarde hans Bud,
Rigdom han skifted,
Og delede ud
Skjænk, den bedste,
Kostbarheder,
Han gav til Alle
Og smekkre Heste,
Ødslede Ringe,
Lod Guldet springe.

36. De Bolde aged
Ad Vejen frem,
Og kom til Hallen,
Herses Hjem.
Der mødte ham Rask,
Den slanke Pige,
Skjær og stolt,
Foruden Lige.

37. Bejlerne hende
Til Hjemmet fik;
Som Jarls Brud
Under Lin hun gik;
I Kjærlighed der
De levede sammen,
Nøde Livet
Og øgede Stammen.

38. Ældst var Baaren,
Saa kom Barn,
Afkom, Ædeling,
Maag og Arving,
Æt og Ætling,
Svend og Søn,
En hed Kjøn,
Men som den Yngste
Kon kom til:
De dreve paa Lege,
Svømning og Spil.

39. Der voxede op
Den Sønnetrop,
De tæmmede Heste,
Dækvaaben buged,
Skudvaaben skaved
Og Landsen knuged.

40. Men Kon den Unge
Kunde Runer,
Livets Runer,
Tidens Runer;
Ogsaa han kunde
Mændene bjærge,
Egge døve,
Søen besværge.

41. Fuglerøst fatte,
Ild bekjæmpe,
Sindet stille,
Sorger dæmpe —
Det han forstod,
Ejed otte Mands
Kraft og Mod.

42. I Runer han mod
Rig Jarl holdt Stand,
Brugte Sned
Og blev bedste Mand;
Saa han naaede

At holde og have
Navnet Rig
Og Runegave.

43. I Krat og Skov
Kon-Unge red,
Og skjød med Pile
Til Fuglebed.

44. Paa Kvist en Krage
Sad og sang:
Hvi gaaer Du Kon-Ung
Paa Fuglefang?

Bedre sig sømmed
En anden Færd,
At ride Heste
Og fælde Hær.

45. Dan og Danp
Have skjønnere Haller
Og bedre Odel,
End Dig tilfalder;
Saavel de vide
Paa Kjøl at ride,
Egge at prøve,
Vunder at kløve.

10. Hyndlasangen
eller **Den lille Valasang**

Freya.
1. Vaagn Møbarn fin,
Vaagn op min Veninde,
Søster Hyndla!
I Hulen derinde.
Mens Mulmet raader
Vi ride i Ro
Til Valhals hellige
Gudebo.

2. Hærfader vi bede
At være os huld,
Han gjælder og giver
De Mægtige Guld;
Hjelm og Brynje
Hermoder fik,
Sværdet i Sigmunds
Eje gik.

3. Sejr giver han Sønner,
Og Rigdom ibland,

De Store Veltalenhed,
Jævne Forstand,
Vikinger Bør
Og Skalde Sange,
Mandemod giver han
Kjæmper mange.

4. Til Thor hun blote
Og bede vil,
At stedse med Dig
Et ærligt Spil
Han driver, skjøndt ikke
Om ham man siger,
At gjerne han gantes
Med Jættepiger.

5. Af Staldens Ulve
Du vælge Dig een,
Paa Gudevej er
Din Galt for seen;
Med Galtens Mile

Den render bedst,
Nu tømmer jeg op
Min stolte Hest.

Hyndla.
6. Falsk er Du, Freya,
Med al Din Smiger,
Tydeligt nu
Dit Øje mig siger:
Som Skygge Dig følger
Din Yndling i Løn,
Ottar den Unge,
Insteins Søn.

Freya.
7. Du drømmer nok Hyndla
I Vilderede,
Min Yndling troer Du
I Løn tilstede
Her, hvor det lyser
Af Galten min
Med gyldne Børster,
Hildesvin,
Som Dværge tvende,
Danne og Nabbe,
Mig gjorde behænde.

8. Kom, lad os snakke
Fra Sadelbom,
Og Kongers Ætter
Vi tale om,
De Helte, som stamme
Fra Guder ned;
Ung Ottar om arvet
Kostbarhed,
Med Angantyr
Har slaaet Væd.

9. Til Fædrenearv
Efter Frænder at faae,
Den unge Fyrste
Jeg hjælpe maa.

10. En Harg af Stene
Han stable mig lod,
Der sprængte han Øxnes
Rene Blod;
Nu ere de Kampe
Som Glar saa glatte,
Sin Tro til Asynier
Stedse han satte.

11. Nu regn Du op
De Slægter gamle,
I hvilke sig Mændenes
Ætter samle:
Hvo ere Skjoldunger,
Hvilke Skilfinger,
Hvilke Ødlinger,
Hvilke Ylfinger,
Hvo Hølderbaarne,
Hvo Hersebaarne,
Paa Jorderige
De meest Udkaarne?

Hyndla.
12. Dig Ottar Instein
Avlet har,
Og Alf den Gamle
Var Insteins Fa'r,
Alfs Fader Ulf,
Ulfs Fader Søfar,
Men Svan den Røde
Har avlet Søfar.

13. Din Fader ægted'
En smykkerig Kvinde,
Hun hed nok Hledis,
Guders Præstinde,
Var Frodes og
Friantes Datter;
Fyrster al den
Slægt omfatter.

14. Fordum var Ale
Den vældigste Mand,
Først Halfdan højest
I Skjoldungelag,
Hans Værker stege
Til Himlens Rand,
De Hellede holdt
Berømte Slag.

15. Ved stolten Ømund
Han mere mægted,
Med svale Egge
Sigtryg vejed,
Almvejg, den ypperste
Kvinde, han ægted,
Atten Sønner
De avled og ejed.

16. Derfra Skjoldunger,
Derfra Skillinger,
Derfra Ødlinger,
Derfra Ynglinger,
De Hølderbaarne,
De Hersebaarne,
Paa Jorderige
De meest Udkaarne;
Din Æt tilhobe,
Ottar, Du Taabe!

17. Hildegun hendes
Moder var,
Hvem ved Søkongen
Svava bar;
Din Æt tilhobe,
Ottar, Du Taabe!
Sligt vide Du maa,
Skal vi længere gaae?

18. Dags Hustru Thora
Drengmoder var,
Der ypperste Kjæmper
I Æt sig samle:
Fradmar, Gyrd,
To Freker og Mar,
Am og Jøfur
Og Alf den Gamle.
Sligt vide Du maa,
Skal vi længere gaae?

19. Med Ketil Klypsøn
De holdt tilgode,
Ham kan Du din Moders
Morfader kalde;
Først var der Kaare
Og saa kom Frode,
Men Alf var ældst
Af disse alle.

20. Saa kom Nanna,
Nøkkves Datter,
Hendes Søn var
Din Faders Maag,
Det gamle Frændskab
Flere omfatter,
Brod og Hørve
Jeg kjendte og;

Din Æt tilhobe,
Ottar, Du Taabe!

21. Ølmod var Isolfs
Og Asolfs Fa'r,
Skekkils Datter,
Skurhilde, dem bar;
Fyrster mange
I Slægten indgange;
Din Æt tilhobe,
Ottar, Du Taabe!

22. Gunnar Storm
Og Grim Plovskraber,
Thorer Jernskjold,
Ulf den Gaber,
Barre, Reifner,
Brame og Bo,
Tind og Tyrfing
Og Haddinger to.
Din Æt tilhobe,
Ottar, Du Taabe!

23. Fødte bleve
Til Tummel og Tørn
Arngrims og
Øfuras Børn;
De Ulykkesfugles
Berserkerdands
Foer om som en Lue
Til Lands og Vands.
Din Æt tilhobe,
Ottar, Du Taabe!

24. Jeg kjendte baade
Hørve og Brod,
I Rolf den Gamles
Hird de stod,
Fra Jørmunrek
De alle stamme,
Paa Sagnet Du agte,
En Maag af Sigurd,
Den Folkegramme,
Der Fafner ombragte.

25. Af Vølsungsstammen
Den Konge var,
Af Hrødungsstammen
Hjørdis var,
Men Ødlingsstammen
Ejlime bar;
Din Æt tilhobe,
Ottar, Du Taabe!

26. Gunnar og Høgne,
Afkom af Gjuke,
Søstren Gudrun
Paa samme Maade,
Ej var Guttorm
I Æt med Gjuke,
Skjøndt en Broder
Af disse baade;
Din Æt tilhobe,
Ottar, Du Taabe!

27. Avlet Harald
Hildetand var
Af Rørik Slyngering,
Aude ham bar,
Ivars Datter,
Den grundrige Aude,
Men Randver til Fader
Radbard havde;
Det Heltehold

Var i Guders Vold;
Din Æt tilhobe,
Ottar, Du Taabe!

28. Elleve Aser
Blev der talt,
Der Balder paa Dødning-
Lejet faldt;
Vale var værdig
Til Hævn at tage,
Sin Broders Bane
Han tog af Dage;
Din Æt tilhobe,
Ottar, Du Taabe!

29. Burs Arvtager
Gav Balder Liv,
Frey tog Gerda
Gymsdatter til Viv,
Af Ørbodes og
Jætters Æt,
Ogsaa i Frændskab
Med Thjasse stedt,
Den Pragtglade;
Hans Datter var Skade.

30. Meget er sagt,
Mere vi vide,
Giv nøje Agt!
Vil Du længere skride?

31. Blandt Hvednas Sønner
Bedst Hake dog var,
Hjørvard Hvedna
Avlet har,
Hrimner var Heids
Og Hrosthjovs Far.

32. Fra Vidolf stamme
Vøler alle,
Fra Vilmeid stamme
Spaamænd alle,
Fra Sortehoved
Sejdmænds Ætter,
Fra Ymer komme
Alle Jætter.

33. Meget er sagt,
Mere vi vide,
Giv nøje Agt!
Vil Du længere skride?

34. I Tidens Morgen
Een blev baaren,
Af Gudeslægten
I Kraft udkaaren,
Ni Jættekvinder
Ved Jordens Rand
Fødte den fred-
begavede Mand.

35. Ham bar Gjalp,
Og ham bar Greip,
Ham bar Eistla
Og Angeyja,
Ham bar Ulfrun
Og Eyrgjafa,
Imd og Atla,
Jernsaxa.

36. Han blev næret
Af Jordens Kraft,
Af svalkolde Sø,
Af Soningssaft;
Meget er sagt,

Mere vi vide,
Giv nøje Agt!
Vil Du længere skride?

37. Ulv avled Loke
Ved Angerbode,
Ved Sudleføre
Han Sleipner bar,
En Hex man fælest
Af Alle troede,
Af Byleists Broder
Hun kommen var.

38. Af Hjertebrand Loke
Fik sit Sind,
En Kvinde-Husteen
Halvsveden han fandt;
Da brændte sig Lopt
Paa den onde Kvind,
Hvert jordisk Utyske
Deraf vandt.

39. Stødviis stiger
Havets Vand
Mod Himlen og sænker sig
Ned over Land;
Men Luften arges
Og Sneefald komme
Med snelle Vinde,
Da vil man finde
At Regntid er omme.

40. Een blev baaren,
Større end Alle,
Jordens Fylde
Var hans Amme,
Drotten den Rige

De ham kalde,
Nær beslægtet
Med hver en Stamme.

41. Da kommer en Anden
Med større Magt,
Han, hvis Navn
Jeg ej tør nævne;
Faa have længere
Forudsagt,
End Odins og Ulvens
Sammenstævne.

Freya.
42. Ræk min Gjæst
En Mindedrik,
Saa at han Ord
For Ord fremsætter
Paa tredje Morgen
Den Lære, han fik,
Naar han og Angantyr
Regne Ætter.

Hyndla.
43. Pak Dig bort,
Nu sove jeg vil,
Her faaer Du ej flere
Smukke Ting;
Om Nat, Du Lystbrand!
Er ude paa Spil,
Som Hejdrun farer
Med Bukke omkring.

44. Rasende løb Du
I stadig Begjær,
Flere dit Forklæde
Kom for nær;

Du Lystbrand ude
Om Natten farer,
Som Heidrun løber
Med Bukkeskarer.

Freya.
45. Ild jeg skal
Om Ividien slaae,
At bort herfra
Du ikke kan gaae;
Du Lystbrand ude
Om Natten farer,
Som Heildrun løber
Med Bukkeskarer.

Hyndla.
46. Ild seer jeg flamme
Og Jorden brænde,
Om Livet vil man jo
Gjerne tinge;
Giv Du da Ottar
Drikken ihænde,
Af Edder fuld
Den Vanheld bringe!

Freya.
47. Dit Vanheldsord
Har ingen Kraft,
Skjøndt Ondt Du maner,
Du Jættebrud!
Fortære han skal
Den dyre Saft;
Nu Gunst for Ottar
Hos hver en Gud!

11. Højsangen

Første Afsnit: A. Naturmennesket

1. Førend frem Du
Ganger, nøje
Hold med hvert et
Dørgab Øje;
Ej man veed,
I hvilken Krog
En Fjende Sæde
I Huset tog.

2. De Givende Hil!
En Gjæst nu kom,
Hvor faaer han sit Sæde?
Den har Hast,
Som stadigt gaaer om
For at søge sin Glæde.

3. Ild har nødig
Den Vandringsmand,
Af Kulde mødig;
Mad og Klæder
Behøver han,
Som Fjeldet betræder.

4. En Maaltidsgjæst
Til Haanddug og Vand
Og formelig Byden
Trænge kan,
At vel ham undes,
At Ordet han faaer,
Og Svaret er rede,
Om sligt han naaer.

5. Vidfarende Mand
Behøver Forstand,
I Hjemmet kan alle
Ting gaae an;
Men naar blandt Kloge
Sidder en Stakkel,
Saa bliver han lettelig
Til Spektakel.

6. At prale med Tanker
Staaer ej vel,
Heller man holde dem
Hos sig selv;
Sjælden den Varsomme
Sig forseer,
Naar snild og tavs
Han i Gaarde sig teer;
Thi aldrig en Mand
Faaer sikkrere Ven
End god Forstand.

7. Varsom Gjæst
Ved fremmed Bord
Siger kun af
Og til et Ord;
Men Øret lytter
Og Øjet gaaer,
Saalunde en Klog
Erfaring naaer.

8. Held, hvo i eget
Hjerte fandt
Bifald og Trøst;
Paa Spil jo staaer
Hvad Nogen vandt
I fremmed Bryst.

9. Held den, hvis Liv
Ham gav i Eje
God Lov og Forstand;
Tit Nogen førtes
Paa gale Veje
Af anden Mand.

10. Ej bedre Byrde
For Vandringsmand
End god Forstand;
Bedre, end Guld,
I fremmed Land
Den føder sin Mand.

11. Vejkost værre
Ej føres paa Sti,
End Tylderi;
Den Roes, som Øllet
Hos Mennesker fik,
Ej holder Stik;
Jo mere han drikker,
Jo meer en Mand
Gaaer fra Forstand.

Første Afsnit: B. Aandens første Rørelse [Orgiet]

12. Over Drikkelag suser
Glemsels Hejre,
Der skjult kan Mændenes
Vid bortvejre;
Fuglens Vinge
I Gunlads Hjem
Mig selv monne tvinge.

13. En Ruus, en over-
stadig Ruus,

Jeg fik i den vise
Fjælers Huus;
Det Gilde er bedst,

Hvorfra Enhver
Ved Sands og Samling
Kommen er.

Andet Afsnit: A. Folkestanden

14.Tavs, behjertet,
Djærv paa Val
En Søn af Folket
Være skal,
Glad og munter
Bør Enhver
Leve til
Sin sidste Færd.

15. En Daare troer,
Naar Kampens Fare
Han skyer, vil han
Sit Liv bevare;
Men slipper han end
For Spydets Vunder,
Dog Alderdommen
Ham Fred ej under.

16. En Dosmer gloer,
Mumler og brumler
Ved fremmed Bord;
Men faaer han Drik,
Da viser sig pludselig
Mandens Skik.

17. Han ene det veed,
Der har sin Kløgt
Vide prøvet
Og Meget forsøgt,

Hvilke Gaver
Raade kan
Enhver, som er
Ved fuld Forstand.

18. Ej over Bægeret
Skal Du hænge,
Nyd kun Mjøden,
Men ej for længe,
Tal Lidt og Godt:
Ej Nogen laster,
At Du itide
Til Sengen haster.

19. Naar Slughals Lysten
Styre vil,
Han æder sig ofte
Helsot til;
Tit dannede Folk
Til Latter have
En Hjemmefødning
For hans Mave.

20. Hjorden forstaaer,
Naar hjem den skal,
Og fra Græs da gaaer;
En daarlig Mand
Aldrig sin Mave
Maale kan.

21. En usel Mand
Og ond dertil
Alting latterligt
Gjøre vil;
Det veed han ikke,
Hvad pligtig han var,
At egne Fejl
Han aflagt har.

22. En Taabe vaager
Den hele Nat,
Og piner sin Tanke
Med Dit og Dat;
Ved Morgenens Komme
Er han mat,
Og Alting lige
Galt er fat.

23. En Daare seer
En Ven i hver,
Som til ham leer,
Og mærker ej,
At aabenbar
De Kloge holde
Ham for Nar.

24. En Daare troer,
At Venskab følger
Med favre Ord;
Men kommer en Sag
For ham paa Thinge,
Han mærker, at Faa
Ham Bistand bringe.

25. Daaren sig selv
Alvidende troer,
Naar engang vel
Han slap for en Plage,
Men veed ej at svare
Et eneste Ord,
Naar Mænd ham ville
I Skole tage.

26. En Daare gjør bedst,
Aldenstund
Han kommer blandt Folk,
At holde sin Mund,
Hans Daarskab skal sig
Ikke røbe,
Hvis ej han lader
Sin Tunge løbe;
Hvo som iforvejen
Er et Drog,
Ved megen Tale
Ej bliver klog.

27. Han klog kan hedde,
Som Svar og Spørgsmaal
Har tilrede;
Ej tale man hvad
Man ej forstaaer,
Thi ud blandt Folk
Slig Tale gaaer.

28. Altfor mange
Løse Ord
Af en Sladdrers
Mund udfoer,
Den Tunge, som stadig
Var i Gang,
Ofte sin egen
Skade sang.

29. Ej Nogen, som kommer
I Gildelag ind,
Skal have en Anden
Til Bedste der,
Tit En kun er klog
Og hytter sit Skind,
Fordi man ej prøved
Hans egen Færd.

30. Den tykkes at føre
Det store Ord,
Som jager en Gjæst
Ved Gloser fra Bord,
Knap veed, Hvo spydigt
Ved Gildet braller,
Om Laget harmes
Over hans Skvalder.

31. Sin Hjertensven
Tit mangen Mand
Ved Gilde til Skjændsmaal
Ægge kan;
Evig i Verden
Er denne Splid,
At Gjæst med Gjæst
Vil rage i Strid.

32. Er ej Du buden
Ud til Gjæst,
En dygtig Davre
Dig tjener bedst;
Thi ellers Du bliver
Flau og lad,
I Staa gaaer Munden
Af Mangel paa Mad.

33. Til utro Ven
En Afvej gaaer,

Om end hans Hus
Ved Vejen staaer,
Men Gjenvej leder
Til fuldtro Ven,
Om end han fjernt
Er faren hen.

34. Rør Dig, slaa Dig
Ej til Ro
Som stadig Gjæst
I samme Bo,
Thi Kjær blev Kjedsom
Mangen Gang,
Naar længe paa fremmed
Bænk han hang.

35. Bedst eget Bo,
Selv smaat i Stand,
Thi i sit Hjem
Enhver er Mand;
Et Vidjetag
Og tvende Geder
Er bedre end En,
Som Andre beder.

36. Bedst eget Bo,
Selv smaat i Stand,
Thi i sit Hjem
Enhver er Mand;
Dens Hjerte bløder,
Som bede maa
Hver Maaltidsstund
Om Mad at faae.

37. Hvo sine Vaaben
Har lagt paa Vange,
End ej et Skridt
Skal fra dem gange;

Thi aldrig veed
Vejfarende Mand,
Naar til sit Spyd
Han trænge kan.

38. Ej kjendte jeg Mand
Saa kostmild og god,
At aldrig en Skjænk
Han tog imod;
Ej nogen saa rundelig
Er med Gave,
At han jo gjerne
Sin Løn vil have.

39. Ej sømmeligt er,
At den skal trænge,
Som selv erhverved
Sig sine Penge;
Tidt spares for Lede
Hvad undtes de Kjære,
Meget kan ej
Efter Ønske være.

40. Venner skulle
Til fælles Ære
Klæder og Vaaben
Hinanden forære,
Længe vil vare
Et Venskabsbaand,
Naar Given og Tagen
Gaae vel fra Haand.

41. En Mand bør være
Sin Ven en Ven
Og give Gave
For Gave hen;
Med Latter skal man
Kun Latter hente,

Og Falskhed have
For Løgn ivente.

42. En Ven bør være
Sin Ven en Ven,
Ham selv og saa
Hans Ven igjen;
Gaae aldrig hen
Og bliv Din Fjendes
Venners Ven!

43. Vid, har Du en Ven,
Som vel Du troer,
Og ønsker Du Godt
Af ham at nyde:
Did søge Du ofte,
Hvor han boer,
For Sind at vexle
Og Gaver at yde.

44. Men har Du en Ven,
Som ilde Du troer,
Og ønsker dog Godt
Af ham at nyde:
Vær listig i Tanke
Og faver i Ord,
Og løse Taler
For Løgn Du byde!

45. Fremdeles mod ham,
Som ilde Du troer
Og veed ej ret,
Hvad i ham boer,
Med Smil paa Læbe
Du skjule Din Tanke,
Thi Løn skal lige
Mod Gave vanke.

79

46. Ung var jeg fordum,
Og ene jeg foer,
Da vildtes mit Spor;
Jeg tyktes mig rig,
Da jeg traf en Anden:
Mands Glæde er Manden.

47. Den Milde og Modige
Nyder sit Liv,
Og Sorgen er sjælden
Hans Tidsfordriv;
Den Modløse frygter
Paa alle Kanter,
Og selv over Gaver
Han karrig vranter.

48. Engang jeg med
Mine Kapper klædte
To Skovmænd, ude
Paa Marken stedte;
Med Klæderne tyktes
De Kjæmper paa Stand,
Forknyt er stedse
En nøgen Mand.

49. Det Træ fortørres,
Som stander paa Gade,
Hverken det dækkes
Af Bark eller Blade;
Saa gaaer det en Mand,
Hvem ingen kan lide,
Hvi skulde han længe
Livet slide?

50. Kjærlighed mellem
Falske Venner
Hed som Ild
Fem Dage brænder,
Men paa den sjette
Den slukkes brat,
Og ilde det er
Med Venskabet fat.

51. Ej Stort at skjænke
Der gjøres Behov,
Med Lidet man kjøber
Sig ofte Lov;
Med halvtæret Lev
Og et Bæger paa Helde
Jeg skaffede mig
En Omgangsfælle.

52. Smaa ere Sandskorn,
Smaa ere Tanker,
Smaaligt Mangenmands
Hjerte banker,
Ej Alle fik lige
Kløgt i Behold,
To Slags Folk
Er i hver en Old.

53. Viis til Maade
Skal hver Mand være,
Alt for Meget
Han ikke lære!
Livet skjønnest
For den Mand gaaer,
Som tilgavns
Sin Viden forstaaer.

54. Viis til Maade
Skal hver Mand være,
Alt for Meget
Han ikke lære!

80

Sjælden glædes
Den Vises Hjerte,
Naar Ejermanden
Alting lærte.

55. Viis til Maade
Skal hver Mand være
Alt for Meget
Han ikke lære!
Ingen sin Skjæbne
Forud vide,
Sindet da mindst
Af Sorg skal lide.

56. Brand brænder ved Brand,
Til op den brænder,
Og Flamme anden
Flamme tænder;
Paa Mæle kjendes
Mand af Mand,
Paa Hovmod Daaren
Kjendes kan.

57. Aarle sig rejse
Af sit Leje
Hvo anden Mand
Vil plyndre og veje!
Liggende Ulv
Ej Skinker finder.
Sovende Mand
Ej Sejer vinder.

58. Sit Værk at see
Skal aarle gange,
Hvo af Svende
Ej har mange:
Morgensøvn

Gjør megen Møje,
Den halve Rigdom
Er Herrens Øje.

59. Af Tækkenæver
Og tørret Brænde
Sit Maal en Mand
Bør stedse kjende,
Saa at tilstrækkeligt
Ved han faaer
I fjerdedeels,
I halve Aar.

60. Vadsk Dig, spiis,
Rid saa til Thinge,
Om end Din Klædning
Er nok saa ringe!
Af Broge og Sko
Har Ingen Skam,
Af Hest ej heller,
Var den end lam.

61. Den Kloge maa kunne
Spørge og svare,
Om Navn af Dannet
Han vil bevare;
Hav een Fortrolig,
Men ikke tvende,
Allemand veed,
Hvad der siges trende.

62. Over udslagen Hav
Med Næbet hænger
Ørnen tilsøes
Og til Føde trænger;
Saa gaaer det en Mand,
Naar i Flok han rager,

Hvor Ingen er,
Der sig af ham tager.

63. Til Husbehov
Sin Magt en Mand
Skal bruge, der har
En god Forstand;
Det viser sig, naar
Han Gjæve gjæster,
At Ingen kan være
Alles Mester.

64. See Dig for,
Vær sparsom paa Ord,
Og varlig med, hvem
Som Ven Du troer!
Dyrt en Mand
Maa ofte bøde
De Ord, som til
En Anden løde.

65. Hos Mange jeg monne
For tidligt komme,
Og altfor sildigt
Jeg kom til Somme;
"Øl var forbi,
"Eller ej tilrede" —
Ukjær kommer sjælden
Tilpas tilstede.

66. Paa sine Steder
Man hjem mig bad,
"Saafremt mig lysted
"Et Maaltid Mad;"
En Skinke jeg nød
Hos fuldtro Ven;

"Der hang endnu
"Et par igjen."

67. Ild og Solskin
Bedste Gave
Er for Menneskens
Børn at have,
Hvis ellers man
Sin Helsen har
Og leve kan
For Laster bar.

68. Ingen er heel
Elendig skabt,
Om end hans Sundhed
Gik fortabt;
En glædes ved Frænder,
En Anden ved Sønner,
En Rigdom, en Anden
Veldaad lønner.

69. Selv godt er Livet
I Useldom,
Kvik Mand til en Ko
Dog stedse kom;
For Rigmand saae jeg
Et Baal i Glød,
Og ud af Døren
Han bares død.

70. Halt rider Hors,
Og Haandløs hyrder,
Døv kan fægte
Og bære Byrder,
Blind vist næppe
Med Brændt vil bytte,
Dødmand er til
Ingen Nytte.

71. En Søn er god,
Om end først sat
I Verden, naar Fader
Den har forladt;
Bautastene
Sjælden knejste
Ved Vej, som Slægt
For Slægl ej rejste.

72. To Ting have
Bagholdsvane:
Tunge volder
Hoved Bane,
Haand man skal
Bag Kappe ane.

73. Naar Natten længes,
Kan den være glad,
Som sikker er
Paa sin Aftensmad;
Kort er Tiden,
Da Sejl man sætter,
Og lunefulde
Høstens Nætter,
I Dage fem
Tidt Vejret vendes,
Men i en Maaned
Det lettere hændes.

74. Hvo Intet veed,
Ej heller veed,
At Mange bedaares
Af Andres Sned;
En er rig
Og fattig en Anden,
Men derfor skal man
Ej laste Manden.

75. Rigdom dør
Og Frænder døe,
Engang Du ogsaa
Selv skal døe;
Men aldrig uddøe
Skal den Hæder,
Hvormed en Mand
Sit Navn beklæder.

76. Rigdom dør
Og Frænder døe,
Engang Du ogsaa
Selv skal døe;
Men Eet jeg veed,
Som ej forgaaer,
Den Dom, Du efter
Døden faaer.

77. Hos Fedmands Søn
Saaes fulde Folde,
Han Bettelstaven
Nu maa holde,
Thi Rigdom er
Som Øjets Blik,
Dens Venskab sjælden
Holder Stik.

78. Naar en Daare
Rigdom finder,
Eller Pigens
Elskov vinder,
Han trives i Hovmod
Ej i Forstand,
Stoltserer frem
Som en Pokkers Mand.

79. Det vorder forsøgt,
Naar i gudlige Runer

Du prøver hans Kløgt,
Som Fimmeltaleren
Maled i Billed,
Som høje Magter
I Daad fremstilled;
Bedst han vilde
Da være tjent
Med at tie stille.

80. Dag Du rose
Først ved Aften,
Kone, naar
Paa Baal hun sover,
Sværd, naar Du har
Prøvet Kraften,
Iis, naar den er
Faret over,
Mø, naar hun har
Faaet Mand,
Øl, naar det er
Bag ved Tand.

81. Ro i Kuling
Ud paa Søen,
Træet fæld
I Stormens Bragen,
Men i Mørke
Tal med Møen!
Mange Øjne
Have Dagen,
Skib til Fart,
Og Skjold for Bryst,
Sværd til Hug
Og Mø for Lyst.

82. Ved Ild Du søbe,
Paa Iis Du løbe,

Kjøb Gangeren mager
Og Klingen skjæmmet,
Fød Hunden ude
Og Hesten ved Hjemmet!

83. Tro ej paa Ord,
Som komme fra Piger,
Ej heller paa hvad
En Kone siger!
Deres Hjerte er lagt
Paa rullende Hjul,
Og Barmen er Vægel-
sindets Skjul.

84. Gabende Ulv,
Bristende Bue,
Galende Krage,
Brændende Lue,
Gryntende Sviin,
Træ uden Rod,
Sydende Kjedel
Voxende Flod.

85. Faldende Bølge,
Pilen i Flugt,
Natgammel Iis,
Ormen i Bugt,
Brækket Sværd
Og Brud i Løn,
Bjørnens Leg
Og Kongens Søn,

86. Sygnende Kalv,
Velspaaende Kvinde,
Selvraadig Træl,
Nysfældet Fjende,
Herresmiil

Og klare Dage,
Hundebjæffen
Og Skjøgeklage,

87. Nyssaaet Ager
Skal Ingenmand troe.
Ej heller Søn
Udi Barnesko!
Vejr raader for Ager,
For Søn Forstand,
Om Begge ej Vished
Haves kan.

88. Din Broders Bane,
Selv mødt som bedst,
Et halvbrændt Huus,
En hurtig Hest
[Ej Gavn den yder,
Hvis Been den bryder] –
Saa troskyldig vær
Til ingen Tid,
At til alt Sligt
Du fæster Lid!

89. Falsk Kvindes Elskov
Er ligerviis,
Som agede man
Paa den glatte Iis
Med Hest uden Braad,
En toaars Plag,
Utæmmet kaad,
Hvad heller man foer
I rasende Storm
Paa Skib uden Ror,
Hvad heller som En,
Der halter paa Been,
I Tø tilfjælds
Skulde hente en Reen.

90. Reent ud nu
Jeg tale vil,
Begge Dele
Kjender jeg til,
Mandens Hu
Vil Kvinden svige,
Smukke Ting
Vi da dem sige,
Naar allermindst
Vi mene dermed,
Saaledes vi faae
De Vakkre paa Gled.

91. Favrt skal tale,
Gaver skal byde,
Hvo Pigens Elskov
Tænker at nyde,
Beundre, hvor smukt
Den straalende Kvinde
Er skabt: kun den,
Som frier, kan vinde.

92. Elskovshast
Ej nogen Mand
Bør lægges til Last;
Hvad Daaren ej rører,
Et lystfavrt Aasyn,
Tidt Vise forfører.

93. Ej udpeges bør
Hos nogen Mand
Som Galskab, hvad Alle
Hændes kan;
Blandt Menneskens Børn
Har Elskovs Magt
Ofte den Vise
Til Daarskab bragt.

Andet Afsnit: B. Odins Ungdomskamp

94. Kun Tanken veed,
Hvad der gaaer til Hjærte,
Ene fortrolig med
Al dets Smerte;
Ej værre Sot
Kan i gjæv Mand boe,
End at hans Hjærte
Ej fanger Ro.

95. Det prøvede jeg,
Da elskovsfuld
Jeg sad og vented
I Rørenes Skjul;
Den vene Mø
Var mit Kjød og Blod,
Endskjøndt hun mig
I Stikken lod.

96. Saa fandt jeg den
Fortryllende Pige
Solreen sovende
Paa sit Leje;
En Fyrsteherlighed
Uden Lige
Syntes mig, slig
En Skabning at eje.

97. "Odin om Møen
Du vil besnakke,
Saa kom, naar det monne
Mod Aften lakke:
Sligt Fejltrin er jo
En Skjændighed,

Hvis ej mellem os
Vi ene det veed."

98. Jeg kom da igjen
Og tænkte nu,
Ene paa Elskov
At rette min Hu,
Hendes Gunst
Og Kjærlighedsgave
Forvist jeg troede
At skulle have.

99. Men da jeg saa kom,
Den hele Skare
Af gode Stridsmænd
Var paa Vare,
Med brændende Lys
Og Fakkelved
Min Kjærlighedssti
Mig var bered.

100. Og da jeg mod Morgen
Gik atter derhen,
Var Salvagten falden
I Søvn igjen,
Da fandt jeg kun,
At den gode Kvinde
Sin Hund havde ladet
Paa Lejet binde.

101. Mangen god Mø,
Naar hun prøves, vil
Med Mændene drive

Sit falske Spil;
Det mærkede jeg,
Da jeg søgte at vinde
Med Lokkesmiger

Den raadsnare Kvinde,
Alskens Spot
Den Vakkre mig bød,
Intet jeg dog
Af hende nød.

Andet Afsnit: C. Odins Manddomssejer

102. Munter i Hjemmet
Skal Bonden være,
Flink mod Gjæster,
Og færdes med Ære;
Mindsom og talsom,
Tit Sømmeligt melde,
Om han for kundskabs-
rig vil gjælde.

103. Fimmel-Fjambe
Han skal hedde,
Som altid efter
Ord maa lede,
Thi saadan Vane
Er Daarens Fane.

104. Den gamle Jætte
Jeg søgte, og er
Nu kommen atter
Tilbage her;
Lidet jeg vandt
Ved Tavshed der,
Men til mit Fremme
I Suttungs Sale
Mangelunde
Jeg førte Tale.

105. Mig Drikken af
Den dyre Mjød
Paa gylden Stol
Gunlade bød;
Reen i Sind,
I Følelse stærk,
Hende jeg gjældte
Med ilde Værk.

106. Spillerum gav jeg
Rates Mund
Til at æde
I Klippegrund,
Rundt om efter mig
Jætterne vare,
Mit Hoved jeg satte
Saalunde i Fare.

107. Vel monne jeg veltjent
Stilling nytte,
Hvad bliver ikke
Den Kloges Bytte?
Livskilden nu
For Dagen kom

I Menneskers jordiske
Helligdom.

108. Jeg tvivler paa,
At jeg kunde drage
Fra Jætters Gaarde
Her tilbage,
Hvis ej Gunlade
Mig yded Gavn,
Den gode Kvinde,
Som tog mig i Favn.

109. Den næste Dag
Til den Højes Hal
Rimthusser gik,

At høre, hvad Skjæbne
Den Høje fik:
De spurgde, om Bølværk
Til Guderne drog,
Hvad heller ham Suttung
Af Dage tog.

110. Jeg troer, at Odin
En Ringeed svor —
Hvad Lid kan der fæstes
Til hans Ord?
Drikken han sveg
Med listigt Raad
Fra Suttung og bragte
Gunlade til Graad.

Tredie Afsnit: A. Lodfafnersmaal[1] eller Mestersangen

111. Tid er, at Ordet
Fra Talerstol gaaer,
Som nu ved Urdes
Kilde i staaer:
Tavs jeg skued,
Jeg skued i Tanker,
Og hørte, hvad Tale
Blandt Mændene vanker.

112. Om Runer var Ordet,
Om Guddomsordet,
Og om dets Risten
Og om dets Raaden
Ved Hallen den Højes,
I Hallen den Højes
Saa, jeg hørte,
Man Talen førte.

---

[1] Saakaldet fordi Talen er rettet til Lodfafner, hvilket Ord efter Finn Magnussens Antagelse betyder En, som har faaet Dun (Lod) paa Hagen; men da her saa at sige den sidste Vielse gives, maatte vist en modnere Alder udkræves til denne. Navnet antages her at betyde En, som faaer Lod og Deel, altsaa efter Sammenhængen En, som bliver Medlem af den højere Videns Broderikab, en Mester.

113. Dig Mester jeg raader,
At Raad Du nemmer,
Det gavner Dig, om Du
Ej det glemmer:
Om Nat Du stande
Kun op, ifald
Du Ærende har
Eller spejde skal!

114. Dig Mester jeg raader,
At Raad Du nemmer,
Det gavner Dig, om Du
Ej det glemmer:
Aldrig Du sove
Ved Troldkvindes Barm,
Saa at hun favner Dig
Med sin Arm!

115. Hun volder, at ej
Du Omsorg drager
For Fyrstens Ord
Og Thingets Sager,
Til Mad og Selskab
Du taber din Lyst,
Og tyer til dit Leje
Uden Trøst.

116. Dig Mester jeg raader,
At Raad Du nemmer,
Det gavner Dig, om Du
Ej det glemmer:
Aldrig Du anden Mands
Viv forføre,
Til Dig i hemmeligt
Stævne at høre!

117. Dig Mester jeg raader,
Og Raad Du nemmer,
Det gavner Dig, om Du
Ej det glemmer:
Hvis fare Du lyster
Paa Fjord eller Fjæld,
Med Rejsekost
Forsyn Dig vel!

118. Ond Mand skal Du
Aldrig lade
Vide, hvor Du
Har Din Skade;
Thi aldrig gjengjældt
Ventes kan
God Vilje af
Den onde Mand.

119. Jeg saae, hvorledes
Ond Kvindes Ord
Bidsk en Mand
Efter Hovedet foer,
Den falske Tunge
Ham Livet galdt,
Og hvad hun sagde
Var Løgn dog alt.

120. Vid, har Du en Ven,
Som vel Du troer,
Da søg ham ofte,
Hvor han boer;
Thi Krat og højen
Græs beklæder
Den Vej, som ingen
Mand betræder.

121. Dig Mester jeg raader,
Og Raad Du nemmer,
Det gavner Dig, om Du
Ej det glemmer:

Søg Gammenstale
Med goden Mand,
Lær Dulmesange,
Saalænge Du kan!

122. Aldrig Du først
Anledning byde
Til falskelig med
Din Ven at bryde,
Sorg tærer paa Hjærtet,
Naar Ingen Du har,
Hvem hele din Tanke
Er aabenbar.

123. Dig Mester jeg raader,
Og Raad Du nemmer,
Det gavner Dig, om Du
Ej det glemmer:
Ingensinde
Du Dig indlade
Paa Ord at skifte
Med Aber fade!

124. Thi for Godt
Du kan ej vente
Hos den Slette
Løn at hente;
Derimod
Den gode Mand
Ved Roes Dig yndet
Gjøre kan.

125. Aandens Slægtskab
Derved stiftes,
At Tanken aabent
En Anden skriftes;
Alt er bedre
End falske Ord,
I Smiger intet
Venskab boer.

126. Dig Mester jeg raader,
Og Raad Du nemmer,
Det gavner Dig, om Du
Ej det glemmer:
Meer end trende
Ord i Trætte
Ej Du spilde
Paa den Slette!
Bedre Mand
Gik tit til Side,
Naar den Værre
Vilde stride.

127. Sko og Skjæfte
Ej Du lave,
Uden hvad Du
Selv skal have!
Sko ej passer,
Skjæftet helder,
Og paa Dig man
Derfor skjælder.

128. Dig Mester jeg raader,
Og Raad Du nemmer,
Det gavner Dig, om Du
Ej det glemmer:
Mod Ondt Du værge
I Andres Sted,
Giv aldrig Dine
Fjender Fred!

129. Dig Mester jeg raader,
Og Raad Du nemmer,

Det gavner Dig, om Du
Ej det glemmer:
Til onde Ting
Ej Lyst Du fatte,
Men lær Dig til
Det Gode at skatte!

130. Dig Mester jeg raader,
Og Raad Du nemmer,
Det gavner Dig, om Du
Ej det glemmer:
Ej maa Du see
I Slaget op
[Ellevild man
Jo vorde kan],
At Mændene ej
Fortrylle din Krop.

131. Vil Du Dig Kvinde
God tilkvæde,
Til Gammenstale
Og stadig Glæde,
Giv smukke Løfter,
Lad fast dem staae,
Mø bliver ei kjed
Af Godt at faae!

132. Varlig, men ikke
For varlig vær,
Varligst Du være
Med Drik især,
Med Andens Kone,
Og saa dertil
Med Tyv, at ikke
Han driver sit Spil.

133. For Spot og Latter
Du aldrig lægge
Nogen Gjæst eller
Gangende Mand!
Tit de, som sidde
Forinden Vægge,
Ej kjende saa lige
Den Kommendes Stand.

134. I Brystet en Blanding
Af Dyd og Last
Hos Menneskens Børn
Er voxet fast,
Saa, god er Ingen,
Han har jo Lyde,
Lidt Gavn kan selv
Den Sletteste yde.

135. Driv ej med graahaaret
Taler Spot,
Den Gamles Ord
Er ofte godt!
Skjælligt fra hvassen
Bælg[1] tit kom,
Der flakker blandt usle
Seller om
Med rynket Skind
Og skrammet Kind.

136. Dig Mester jeg raader,
Og Raad Du nemmer,
Det gavner Dig, om Du
Ej det glemmer:
Ej overfus
Eller jag paa Dør

---

[1] "Bælg", d. e. en haardhudet Karl.

En Vandrer, Godt
Mod Trængende gjør!

137. Det maatte dog være
En vældig Bom,
Der op skulde drages
For hver, som kom;
Giv en Kjende,
Det hører ej op
Ellers at ønske Dig
Ondt i Krop.

138. Dig Mester jeg raader,
Og Raad Du nemmer,
Det gavner Dig, om Du
Ej det glemmer:

Naar Øl Du drikker,
Brug Jordens Kraft,
Jord Drik fortager,
Ild Sygdomssaft,
Ax Gift, og Eeg
Kan Bindsel lette,
Hallen stiller
Tyendes Trætte,
Mod Vrede er Maanens
Hjælp den rette,
Bid af Bider
Selv skal læges,
Sorgen skal ved
Runer kvæges,
Mod alt Flod
Er Jorden god.

Tredie Afsnit: B. Odins Runesang.

139. Jeg veed, at det vindige
Træ mig bar
Ni hele Nætter,
Saaret jeg var
Med Spyd og given
Til Odin hen;
Selv til mig selv
Var jeg given hen,
Paa Træet jeg hang,
Som Ingen veed
Af hvad Rod det sprang.

140. De gave mig hverken
Lev eller Drik,
Ned i Dybet

Jeg sænked mit Blik
Og Runer optog,
Højt raabende tog,
Saa atter jeg gled
Fra Træet ned.

141. Af Bølthorns Søn,
Stor i Ære,
Bestlas Fader
Jeg monne lære
Ni Fimmelsange,
Af dyren Mjød,
Fra Livskilden øst,
En Drik jeg nød.

142. Da var min Væxt,
Tilendebragt,
Da voxed min Viisdom
Og min Magt;
Ord af Ord
Mig avlede Ord,
Værk af Værk
Mig avlede Værk.

143. Runer Du finde,
Og raadede Stave,
Heelt store Stave,
Stave heelt stinde,
Som Fimmeltaler
I Billed maler,
Som Høje Magter
Bringe tillive,
Af Magters Formand
De ristet blive.

144. Af Odin for Aser,
For Alfeætter
Dem rister Danne,
Vidstærk for Jætter,
Lukøje for Dværge,
Men somme jeg risted
Mig selv i Værge.

145. Forstaaer Du at riste?
Forstaaer Du at raade?
Forstaaer Du at skildre?
Forstaaer Du at friste?
Forstaaer Du at bede?
Forstaaer Du at blote?
Forstaaer Du at sende?
Forstaaer Du at sprede?

146. Bedre er
Slet ingen Beden,
End for stor
En Offerreden,
Thi en Gave
Bør til Gildet
Forhold have;
Bedre Intet
Sendt til Gilde,
End en stor
Anretningsspilde.
Saa opstod Thunder
Før Folkenes Dage,
Der stod han op
Hvor han kom tilbage.

147. Jeg kan de Sange,
Som ingen Fyrstinde,
Som intet Menneskens
Barn har inde:
Hjælp hedder den første,
Den hjælper stærk
Mod Trættes, Sorgs
Og Sygdoms Værk.

148. For det andet
Saa kan jeg den,
Som bruges af kyndige
Lægemænd.

149. Den tredje jeg kan,
Naar Nød er paafærde,
For dem at tæmme,
Som hadske mig ere;
For Fjenderne kan jeg
Egge døve,

Saa List og Vaaben
De blive sløve.

150. Den fjerde jeg kan,
Naar Baand man paa
Mine Lemmer lægger,
Da galer jeg saa,
At løs jeg gaaer;
Thi sønder brast
Af Fødder Fjedre,
Af Hænder Bast.

151. Den femte jeg kan,
Naar farlig Piil
I Fylking monne
Flyve med Iil,
Og er end nok saa
Stind dens Flugt,
Øjnes den, faaer jeg
Med den Bugt.

152. Den sjette jeg kan,
Naar Nogen med Saar
Paa Vildtræs Rod
Mig efterstaaer;
Den Mand, som vil
Mig Ondt, den Samme
Menet fremfor
Mig skal ramme.

153. Den syvende kan jeg,
Naar jeg skuer
Højsal tændt
Over Seller i Luer;
Hvor bredt den brænder,
Jeg dog den bjærger,

En Sang jeg kan.
Som Sligt besværger.

154. Den ottende kan jeg,
For Alle og Hver
Gavnligt den at
Kjende det er;
Hvor Hadet voxer
Blandt Stridens Kjæmper,
Der jeg det uden
Ophold dæmper.

155. Den niende kan jeg,
Naar Nød mig følger
Og Fartøjet bjærges
Skal paa Bølger;
Vinden stiller jeg
Da paa Vand,
Og sætter Havet
I søvnig Stand.

156. Den tiende kan jeg,
Naar en Skare
Hjemsøgende Hexe
I Luften fare;
Jeg vilder dem ud
Af goden Skind,
De søge ej meer
I Hjemmet ind.

157. Den ellevte kan jeg,
Til Kampen at bringe
Gamle Venner;
I Skjoldene klinge
Da mine Sange,
De Vældige gange

I Frelse til Strid,
I Frelse fra Strid,
I Frelse de ere
Til hver en Tid.

158. Den tolvte kan jeg,
Naar Lig i Strikke
Svæver paa Træet
For mine Blikke,
Saa rister jeg og i
Runer maler,
At den Mand gaaer
Og med mig taler.

159. Og for det trettende
Een jeg kan,
Naar ungen Thegn
Besprænges med Vand;
Ej falder han, kommer han
End i Strid,
Den Mand ej segner
For Sværdebid.

160. Den fjortende kan jeg,
Naar jeg skal
I Mandelag nævne
Guders Tal;
Jeg kjender paa Aser
Og Alfer Skjel,
Sligt udannet Mand
Ej veed saa vel.

161. Den femtende kan jeg,
Dværg Folkerøre
Gol den Sang
For Dellings Døre;
Styrke for Aser,
For Alfer Fremme,
Forstand for Odin
Gol hans Stemme.

162. Den sextende kan jeg
Til at vinde
Elskov og Gammen
Hos snilden Kvinde,
Hvidarmet Piges
Hu jeg drejer,
Forvandler Alt,
Hvad Sindet ejer.

163. Den syttende kan jeg,
At Møen den slanke
Seent fra mig
Skal vende sin Tanke. —
Disse Sange,
Mester! Du savned
I Tider lange:
Godt for Dig,
Om Du kan dem fange,
Gavn, om Du nemmer,
Tarv, om Du gjemmer!

164. Den attende kan jeg,
Som ingen Pige,
Ingen Mands Kone
Skal høre mig sige
(Alt er bedre,
Hvad ene Man kjender,
Dermed hele
Visen ender);
Kun hun alene,
Som i sin Favn
Mig tager, eller
Har Søsternavn.

165. Sjungen er nu
I den Højes Hal
Den Højes Sang;
Menneskens Børn
Den gavne skal
Mangen Gang;
Til Jætters Børn
Den ej har Kald.
Hil den, som sang!
Hil den, som kan!
Hvo nemmer, den nytte!
Hil Alle, som lytte!

12. Grimner
eller Den formummede

Kong Rødung havde to Sønner, den ene hed Agnar, den anden Gejrrød. Agnar var ti Vintre og Gejrrød otte Vintre gammel. De roede sammen i en Baad med deres Dorger (Fiskesnører) paa Smaafiskeri, men Vinden drev dem ud paa Havet. I Nattens Mørke lede de Skibbrud ved Land, gik op og traf en Kaadner; der vare de Vinteren over. Konen fostrede Agnar, Manden Gejrrød og gav ham gode Raad. I Vaaren gav Manden dem et Fartøj, og da han og Konen fulgte dem til Stranden, talte Manden afsides med Gejrrød. De fik Medbør og kom til deres Faders Bopæl. Gejrrød var forrest i Baaden, løb op paa Land, stødte Baaden ud og sagde: "Far Du nu Smøl i Vold!" Baaden drev ud paa Havet og Gejrrød gik til Byes og blev vel modtagen; men hans Fader var nu død. Gejrrød toges da til Konge og blev en prægtig Mand.

Odin og Frigga sadde i Lidskjalv og overskuede hele Verden. Odin sagde: "Seer Du Agnar, din Fostersøn, hvor han avler Børn med en Jættekvinde i Hulen? Men Gejrrød, min Fostersøn, er Konge og har Landet i Behold". Frigga svarer: "Han er saa stor en Madnidding, at han piner sine Gjæster, naar han synes der komme for mange". Odin paastaaer, at det er den største Løgn, og herom sloge de Væd.

Frigga sendte sin Æskemø Fylla til Gejrrød; hun bad Kongen at vare sig for, at ikke den Troldmand, som var kommen der til Landet, skulde forgjøre ham, og gav ham det Kjendemærke, at selv den glubskeste Hund vilde ikke fare paa denne Mand. Det var nu idel løs Tale, at Kong Gejrrød ikke var gjæstfri, men han lod dog den Mand gribe, som Hundene ikke vilde gaae løs paa. Denne var iført en blaa Kappe, kaldte sig Grimner, og lod sig ikke forlyde med Noget, skjøndt man udspurgte ham. Kongen lod ham da sætte imellem en dobbelt Ild for at pine ham til at tale, og der sad han i otte Nætter.

Kong Gejrrød havde en Søn, ti Vintre gammel, som hed Agnar efter hans Broder. Agnar gik til Grimner, gav ham et fuldt Horn at drikke, og sagde, at Kongen gjorde ilde i at lade ham sagesløs pine. Grimner drak det ud, og da var Ilden kommen saa vidt, at den brændte ham Kappen. Grimner sang:

1. Heed er Du, Flamme!
Og gaaer mig for nær,
Ild! Lad os skilles
Hver især;
Foerværket svides,
Og skjøndt jeg holder
I Vejret Kappen,
Dog fænge dens Folder.

2. Otte Nætter
Mellem Ild jeg sad,
Intet Menneske
Bragte mig Mad,
Agnar undtagen,
Gejrrøds Søn,
For Gothers Land
Han raade til Løn.

3. Hil Dig Agnar,
Bevaret vær!
Det ønsker Dig Mænds
Beskjærmer her;
For en Drik

Aldrig Du bedre
Betaling fik.

―――

4. Hist hæver et helligt
Land sig frem
Nær ved Asers
Og Alfers Hjem,
I Thrudhjem Bolig
For Thor skal staae,
Saalænge til Magterne
Alle forgaae.

5. Det Man kaldet
Har Ydale,
Hvor sig Uller
Rejste Sale;
I gamle Dage
Guderne gave
Frey til Tandskjænk
Alfhjem at have.

6. I tredje Bolig
Et Tag er lagt
Af milde Guder
Med Sølverpragt,
Valaskjalv
Sig valgte ud
Fra første Færd
Den Asagud[1].

7. I Sænkebæk stander
Den fjerde Sal,
Hvor Bølgen risler
Over sval,
Der med Saga
Af gyldent Bæger
Glad sig Odin
Dagligt kvæger.

8. Den femte Bolig
Er Glædehjem,
Hvor Valhal guldblank
Straaler frem;
Der kaarer Hropt[1]
Til hver en Tid
Alle de Mænd,
Der falde i Strid.

9. Lettelig skjælnes
Den Sal fra andre
Af dem, som skulle
Til Odin vandre:
Skjolde paa Sparrer
Af Spyd den tække,
Brynjer alle
Dens Bænke dække.

10. Lettelig skjælnes
Den Sal fra andre
Af dem, som skulle
Til Odin vandre:
Vest for Døren
En Ulv er hængt,
Oven en Ørn
Med Næbet sænkt.

11. Thrymhjem nævner jeg
Som den Sjette,
Der boede Thjasse,
Hiin vældige Jætte;
Nu Skade den Skjære,
Som ægter Njord,
I Faderens gamle
Tomter boer.

12. Bredeblik er
Den Syvendes Navn,
Der, hvor Balder
Sig byggede Stavn
I Landet, hvor, jeg
Veed, man kunde
Færrest finde
Af Varsler onde.

13. Himmelbjærg ottende
Hjemstavn er,
Hejmdal skal raade
For Borgen der;
Guders Vogter
Drikker i Ro
Den gode Mjød
I sin venlige Bo.

---

[1] Odin

14. Folkvang den Niende,
Freyas Gaard,
I Salen bestemmer hun
Sædets Kaar,
Daglig hun vælger
Den halve Val,
Den anden farer
Til Odins Sal.

15. Som tiende Bolig
Jeg Glitner stiller,
Af Sølv dens Tag,
Af Guld dens Piller;
Der Forsete
Sig jævnlig sætter,
Der neddysser han
Alle Trætter.

16. Skibestavn Ellevte
Er i Tal,
Njord sig byggede
Der en Sal,
Over det knejsende
Alter byder
Mændenes Drot
Foruden Lyder.

17. Med Krat og Græs
I højen Stand
Begroet er Vidars
Videland;
Søn sig der
Af Hest nedlader,
Opsat paa
At hævne Fader.

_____

18. Aandrimner
Koger Sørimner
Af Flæsk det Bedste
I Ildrimner;
Dog Faa der ere,
Som vide, hvormed
Storhelte sig nære.

19. Berømt og Kampvant
Hærenes Fader
Til Gere og Freke
Sin Mad overlader;
Af Viin alene
Til hver en Tid
Lever Odin,
Gjæv i Strid.

20. Hugin og Munin
Jorden kredse
I daglig Flugt;
Jeg frygter stedse,
At Hugin ej
Skal komme igjen,
Min Angst for Munin
Er større end.

21. Thund tuder,
Og i dens Bølger
Thjodvitners Fisk
Sig roligt dølger,
Den Strøm mon lade
Stridshesten for stærk
Til over at vade.

22. Valgrind hedder
Vangens Led,
Helligt det lukker

For helligt Sted;
Gammelt er dette
Led for Vang,
Faa dog kjende
Dets Laasegang.

23. Femhundrede Døre
Og firti — jeg troer —
Til Valhal føre;
Ad hver en Dør
Storhelte i Skare
Gaae ottehundrede
Side om Side,
Naar hen de fare
Med Ulv at stride.

24. Femhundred firti —
Jeg troer — i Sum
Ere Bilskirners
Bugede Rum;
Jeg veed, at Huus
Under Tag ej staaer,
Der Sønnen mins
I Storhed naaer.

25. Ged Heidrun staaer
Over Odins Hal,
Af Lærads Kviste
Hun bide skal;
Hun Karret fylder
Med klaren Mjød,
For Drik da bliver
Der aldrig Nød.

26. Hjorten Egthyrner
Over Hallen staaer,
Af Lærads Kviste

Han Næring faaer;
Fra Horn det ned
I Hvergelmer drypper,
Saalunde han alle
Vande ypper:

27. Sid og Vid,
Jager og Støder,
Sval og Strid,
Springer og Larmer,
Rinder og Render,
Pladdrer og Pladsker,
Gammelaa og
Spyd vælter.
Om Guders Eje
Sig disse dreje:
Døner og Vener,
Standig og Faldig,
Gridik og Stribsk.

28. Een hedder Helligaa,
Vejklog en Anden,
Saa kommer Folkenam,
Nytter, Nyder,
Risler, Styrter,
Slider, Byger,
Svælmer, Svulmer,
Vid og Vant,
Snever, Strander,
Gjald og Glimt:
Sig nærved Mennesker
Disse snoe,
Og deden falde
Til Dødens Bo.

29. Karmet og Armet
Og to Karbade,

Igjennem disse
Thor skal vade
Hver en Dag,
Naar fare han vil
Til Doms ved Asken
Ygdrasil;
Thi Asabro vilde
Staae heelt i Brand,
I Lue tændes
Helligt Vand.

30. Glimrer og Gylder,
Lysner og Løbild,
Sølvtop og Syner,
Gissel og Falsok,
Guldtop og Letfod —
Disse Heste
Til Ygdrasils Rod
Aser paa Thinge
Hver Dag bringe.

31. Rødder trende
Under Ygdrasils Ask
Tre Veje vende;
Hel boer ved den Ene,
Rimthurs ved den Anden,
Men ved den tredje
Menneskemanden.

32. Egernet hedder
Ratatask,
Som rende skal
Paa Ygdrasils Ask,
Og bære fra oven
Ørnens Ord,
Forkynde det ned,
Hvor Nidhug boer.

33. Fire Hjorte
Gaae der i Ring,
Krumhalset gnavende
Træets Spring:
Danne, Daaen,
Donværk, Dørstærk.

34. Ender Ygdrasils Ask
En Ormeflok boer,
Langt større end uklog
Abe troer:
Hvisler, Lusker,
Gravvarslers Sønner,
Graabag, Gravvold,
Ypper, Dysser,
Skulde jeg mene,
Tære stedse
Paa Træets Grene.

35. Ygdrasil
Den Ask mon lide
Drøjere Værk,
End Mænd det vide;
Paa Stammen det mulner,
I Top Hjort bider,
Nede ved Roden
Nidhug slider.

36. Ryst og Mist
Mig Horn skulle række,
Det veed jeg forvist;
Øxold, Overfald,
Sejrsang, Hærsang,
Strid og Styrke,
Gjald, Spydfostre,
Skjoldgridsk, Daadgridsk
Og Kongefrænke,

De for Storhelte
Øllet skjænke.

37. Hurtigfod
Og Lytøre,
Herefter svalede,
Solen føre;
Men under Bovene
Skjulte de hulde
Guder, Aserne,
Jernkulde.

38. Skjold for Solens
Guddomslys
Man Svaler kalder,
Hav og Bjærge
Gaae i Brand,
Om fra han falder.

39. Ulven Jager
Til Skovens Løn
Følger den Aasyns-
klare Gud,
En anden, Hader,
Dødsvarslers Søn,
Gaaer foran for Himlens
Skjære Brud.

40. Jorden blev skabt
Af Ymers Kjød,
Og Havet af hans
Blod udflød,
Bjærg af Been,
Og Skov af Haar,

Men Himmel af Høsen[1]
Dannet staaer.

41. Af Hjærnen lode
De Magter blide
Alle Skyer
Tungsindigt skride,
Af Brynene, som
Over Øiet knejste,
Midgaard for Menneskers
Sønner de rejste.

―――

42. Ullers og Guders
Gunst tilhører
Ham, som først
Ved Ilden rører;
Naar Kjedlerne flyttes,
Man Udsigt faaer,
Og Asers Øje
Til Jorden naaer.

43. Skydbladner i Tidens
Morgen ginge
Ivaldes Sønner
At frembringe,
For Njords den gavnrige
Søn en Gave,
Bedst Skib den lyse
Frey skal have.

44. Ask Ygdrasil ypperst
Af Træer er,
Men Odin ypperst

---

[1] "Høs", d. e. Hjerneskal.

Af Asahær;
Af Skibe Skydbladner
Er det bedste,
Bævrast af Broer,
Sleipner af Heste,
Af Hunde Garm,
Og af Skalde Brage,
Af Høge er Ingen
Højbrogs Mage.

―――

45. Nu Sejrgudens Sønner
Mit Aasyn saae,
Og ønskelig Frelse
Skal deraf gaae,
Alle Aser
Til Øgers Bænk
Det nu skal føre,
Til Øgers Skjænk.

46. Jeg kaldes den Skjulte,
En Vrandrer forsand,
Hjelmbærer, Hærger
Og Tredjemand,
Yndig-i-øje,
Dundrer og Væder,
Dødblænder, den Høje.

47. Sædemand, Vendemod,
Sandhedsgjætter,
Kampglad, Lunegod,
Lynøje, Ildøje,
Mangefold, Bølværk,
Hyller og Mummer,
Viismand og Koglstærk.

48. Sidhat og Sidskjæg,
Bølgeknæk, Sejrfader,
Angriber, Byrdegud,
Alfader, Valfader;
Siden jeg foer
Om Folkestavn,
Aldrig jeg kaldtes
Med enkelt Navn.

49. Mummer hos Gejrrød
Var mit Kald,
Stivnakke paa Thinge,
Vinder paa Val,
Sporlægger den Stund,
Da Kjælker jeg drog,
Livsmæt hos Amund.
Disse Navne
Hos Guder jeg bar:
Ønskegod, Røstklar,
Jævnhøj, Luftsvinger,
Langskjæg, Splidbringer.

50. Fiffig og Kløgtig
I Sænkmimers Bo,
Der stedte jeg gamlen
Jætte til Ro;
Da ene jeg
I Døden sendte
Mjødvarslers Søn,
Den velbekjendte.

―――

51. Fuld er Du, Gejrrød,
Bedaaret af Mjød,
Formegel Du nød;
Stort er dit Tab,

Da min Hjælp blev omsonst,
Odins og alle
Storheltenes Gunst.

52. Meget jeg lærte Dig,
Lidet Du mindes,
Svigfulde nu dine
Venner befindes;
Min Ven! Dit Sværd
Blodigt at ligge
Jeg skuer her.

53. Sværdtræt Mandefald
Ygger nu faaer,
Jeg seer, at dit Liv
Til Ende gaaer;
Dig Disen truer,
Odin Du skuer,
Kom an, om Du kan!

54. Nu hedder jeg Odin,
Ygger forhen,
Thunder jeg kaldtes
Før det igjen;
Vever, Skrækker
Og Vindvækker,
Gudekonge
Og Ætfader
Livsmæt, — hos Guder
Jeg kalde mig lader,
Ypper og Dysser;
Den Navnehær
Af mig alene
Vist kommen er.

Kong Gejrrød sad med sit Sværd paa Knæ, halv draget, — men da han hørte, at Odin var der, stod han op og vilde tage ham fra Ilden. Sværdet faldt af Haanden med Fæstet ned, Kongen snublede og faldt fremad, men Sværdet stak igjennem ham, og fik han sin Bane.

Odin forsvandt da, men Agnar var siden længe Konge der.

13. Hymerskvadet

1. Fordum Valguder
Fangsten dreve,
Og drak ved Gildet,
Til mætte de bleve.
De kasted Kjæppe,
Og spaaede af Blod,
At Øger mangled
En Kjedel god.

2. Barnlig glad,
Som Killingen af
En Missekat,
Den Bjergmand sad.
Thor ham gridsk
I Øjet saae:
"Tidt Gilde for Aser
Du rede maa!"

3. Den barske Mand
Gjorde Jætten bange,
Han pønsed paa Hævn,
Over Guden at fange;
Sifs Mand han bad
En Kjedel at yde:
"Saadan at jeg Øl
Til Jer alle kan syde."

4. Intetsteds kunde
Paa den faae Øje
De herlige Guder
Og Magter høje;
Indtil i Eenrum
Tyr saa brav
Heelt kjærligt Vink
Lorride gav.

5. "Mod Edderhav, Øst
Ved Himlens Rand,
Der bygger Hymer,
Den hundvise Mand;
Min kjække Fader
En Kjedel har,
En Rast i Dybden,
Et rummeligt Kar."

6. "Mon Drikkesyderen
Tage vi kan?"
"Ja, Ven! naar vi gribe
Det listeligt an."
Den Dag paa Kraft
De stræbte frem,
Fra Asgaard ud
Til Egils Hjem.

7. Horngjæve Bukke
Han satte paa Stald,
Saa vendte de sig
Mod Hymers Hal.
Sin lede Bedstemo'er
Svenden saae,
Med ni Gang hundrede
Hoveder paa.

8. Men frem algylden
En Anden gik,
Lysbrynet hun rakte
Sin Søn en Drik.

9. "Du Jættebarn!
I raske To!
Jeg lader Jer under
Kjedlen bo;
Thi ofte min kjære
Mage var
Mod Gjæster karrig,
Til Ondskab snar."

10. Silde fra Jagt
Kom Hymer nu,
Vægelsindet
Og haard i Hu;
Det runged i Jøkler,
Da han gik ind,
Som frossen Skov
Var Gubbens Kind.

11. "Hil Dig, Hymer!
Nu godmodig vær,
Ad lange Veje
Til Salen her
Sønnen, vi vented,
Nu kommen er,
En Hædersfjende
Ham fulgte herhen,
Hans Navn er Veor,
Menneskens Ven. —

12. "See, hvor de sidde
I Salens Krog,
Bag Søllen hist
De Tilflugt tog."
Sønder sprang Søllen
For Jættens Blik,
Itu først Overlags-
Bjælken gik.

13. Otte Kjedler
Faldt ned fra Stedet,
Kun een blev heel,
Som haardt var smedet;
Frem de traadte,
Sin Fjende nøje
Den gamle Jætte
Da tog i Øje.

14. Ilde monne
Hans Sind ham spaae,
Da Jætters Plage

Han for sig saae.
Trende Stude
Man dernæst tog,
Som Jætten bød
At sætte paa Kog.

15. Et Hoved kortere
Gjorde Man dem,
Og satte dem saa
Over Ilden frem;
Thor alene,
Før Dag var ude,
Fortæred tvende
Af Hymers Stude.

16. Det Hrungners graanede
Frænde slog,
At Thor saa stærkt
Til Maden tog:
"En anden Aften
Da maa vi Tre,
Vor Mad ved Fangst
At skaffe see."

―――――

17. Veor vilde
Roe ud paa Hav,
Hvis bolden Jætte
Madding gav:
"Gaae til Hjorden,
For Madding at fange,
Du Bjergmandsknuser!
Hvis ej Du er bange.

18. "Jeg tænker, at Du
Hos Øxneflok
Med Lethed finder

Lokkemad nok."
Ivrig Svenden
Til Skoven gaaer,
En kulsort Tyr
Der for ham staaer.

19. Af Tyren Hornenes
Højsæde brød
Han, som volder
Thursers Død:
"Værre Du Skipper
Nu tager paa Veje,
End om Du var bleven
I dit Leje."

―――――

20. Bukkenes Herre
Bad Abers Frænde
Baaden længere
Ud at vende;
Den Jætte yttrede
Ringe Lyst
Til nu at fjerne
Sig meer fra Kyst.

21. I samme Sæt
Stolt Hymer drog
Modigen tvende
Hvaler paa Krog,
Men agter i Skuden
Odins Frænde,
Veor, sig laved
En Snøre behænde.

22. Nu Oldenes Bjærger,
Ormens Mester,
Tyrens Hoved

Paa Anglen fæster;
Paa Krog bed han,
Som Guder forbande,
Dybets Belte
Om alle Lande.

23. Djærvelig drog
Daadraske Thor
Edderspettede
Orm til Bord,
Ulvens Stridsbroder
Hævet Hammer
Paa væmmeligt stejlende
Hoved rammer.

24. I Tinder det klang,
I Gruber det sang,
Sammen foer
Den gamle Jord;
Den Fisk dog ned
I Havet gled.

25. Da hjemad det gik,
Var Jætten ej kvik;
Den rappe Hymer
Et Ord ej talte,
Men stadig fort
Paa Aaren halte.

26. "Vil Du med mig
Gjøre Hælvten Gavn,
Og enten lægge
Vor Baad i Havn
Eller bringe mig Hvalerne
Hjem til Stavn."

27. Thor greb brat
Ved Stævnen fat,
Og løftede Baaden
Alene op
Med Kjølvand, Aarer
Og Øsekop;
Jættens Marsviin
Til Huse han brang
Op ad Skovhøjens
Snevre Gang.

28. Men endnu Hymer,
Til Trodsighed vant,
Om Prøver kom
Med Thor paa Kant:
"Skjøndt godt han roede,
Ej stærk han var,
Hans Kraft ej knuste
Et Drikkekar."

29. Der Lorride
Fik Bægret ihænde,
Brat han Steenstøtten
Slog i tvende;
Fra Sædet han gjennem
Søllen det drev,
Dog heelt til Hymer
Det baaren blev.

30. Fuldgodt Venneraad
Havde da inde
Og gav til ham
Den skjønne Veninde[1]:
"Mod livslede Jættes
Pande Du slaae,

---

[1] Tyrs Moder, Hymers Kone.

Sig intet Bæger
Mod den kan staae."

31. Bukkenes Herre
Haardt sig rejste,
I hele sin Asa-
styrke knejste;
Gubbens Pande
Blev heel, enddog
Det runde Viinkar
Revner slog.

32. "Jeg visselig tabte
Et stort Klenod,
Da dette Bæger
Mig faldt for Fod;
Sit Ord gav den Gamle,
Og det holder Stik,
Dog lovlig heed
Er mig denne Drik."

33. "Nu staaer det til Jer
Fra Slottet vort,
Om I kan, at bringe
Det Ølkar bort."
Tyr det tvende
Gange greb an,
Støt den Kjedel
Mod ham holdt Stand.

34. I Rand tog Modes
Fader saa fast,
At Gulvet under
Hans Fødder brast,
Sifs Mand paa Hovedet
Kjedlen svang,
Mens Ringene ved
Hans Hæle klang.

———

35 En Stund de nu
Tilsammen gik,
Før Thor tilbage
Kasted et Blik;
I Øst han saae
Fra Røser[1] fare
Med Hymer en mange-
hovedet Skare.

36. Fra Skulder han løfted
Kjedlen til Jord,
Og drabelig frem
Med Mjølner foer:
Da maatte falde
De Udyr alle.

———

37. Det hændtes Lorride,
Før langt de kom,
At Bukken styrtede
Halvdød om,
Skagelsky
Og skjæv i Tøjet,
Saa havde den svigvise
Loke det føjet.

---

[1] "Røse", d. e. Steengrund i Havet.

38. I have jo hørt —
Thi grant det veed
Enhver, som kjender
Til Guder Besked —
Hvad Fejringsbod
Han af Bjærgboen fik,
Begge hans Børn
I Soning gik.

39. Stormægtig paa Guders
Thing han traadte,
Og bragte Kjedlen,
Som Hymer aatte;
Nu Guder hos Øger
Een Hørhøsttid
Alskens Øl
Skulle drikke med Flid.

14. Øgersgildet
eller Lokes Skjændsmaal

Øger, som ogsaa kaldes Gymer, havde brygget Øl for Aserne, efterat han havde faaet fat paa den store Kjedel, hvorom nu er talt. Til dette Gilde kom Odin og hans Kone Frigga, men Thor kom ikke; thi han var i Østerleden; Thors Kone Sif var der tilligemed Brage og hans Kone Idun. Der var ogsaa Tyr; han var eenhaandet; thi Fenrisulven havde, da den blev bunden, slidt den ene Haand af ham. Der var Njord og hans Kone Skade, Frey og Freya og Odins Søn Vidar. Loke var der, og Freys Tjenestefolk Beygver og Beyla. En stor Forsamling af Aser og Alfer.

Øger havde to Tjenere, Snubfænger og Ilder. Der var Lyseguld istedenfor Ildlys, og Øllet bar sig selv om; der var et stort Fristed. Man roste meget, hvor flinke Øgers Tjenere vare; det gad Loke ikke høre, og slog Snubfænger ihjel. Da rystede Aserne deres Skjolde, raabte mod Loke og drev ham bort til Skoven, hvorefter de atter satte sig til at drikke.

Loke kom igjen, traf Ilder udenfor, og tiltalte ham saaledes:

1. Ilder! paa staaende
Fod lad høre,
Hvad Gildesnak Guder
Derinde nu føre!

Ilder.
2. Talen blandt Sejrguders
Sønner skifter,
Nu om deres Vaaben

Og Krigsbedrifter;
Ingen blandt Aser
Og Alfer derinde
Et venligt Ord
Om Dig kan finde.

Loke.
3. Ind i Øgers
Hal jeg gaaer,
At see, hvorledes
Den Højtid staaer;
Aserne bringer jeg
Klammer og Ave,
Med Meen jeg skal
Dem Mjøden lave.

Ilder.
4. Hør, hvis i Øgers
Hal Du gaaer,
At see, hvorledes
Den Højtid staaer,
Og spyer Du mod Guder
Din Galde ud:
Dig selv de bruge
Til Vidskeklud.

Loke.
5. Hør, Ilder! hvis vi to
Havde Trætte
Og skulde hinanden
I Skjældsord sætte,
Lidet Dig vilde
Din Ordstrøm baade,
En rigere stod dog
Mig tilraade.

Derpaa gik Loke ind i Hallen; men da de, som vare inde, saae hvem der var kommen, tav de Alle.

Loke.
6. Tørstig jeg her
Til Hallen kom,
Lange Veje
Drog Lopter om,
Aser at bede,
At de bød
Mig en Drik
Af den rene Mjød.

7. I Guder! hvi tie I,
Harm i Hu,
Som mægted I ej
At mæle nu?
I give ved Gildet
Mig Sæde og Stade,
Eller mig byde
Det at forlade.

Brage.
8. Sæde og Stade
Dig ved Gilde
Aldrig Aserne
Give ville.
Vel vide Aser,
Hvem til Gjæst
Byde de skulle
Ved Højtidsfest.

Loke.
9. Odin! Hvorlunde
I gamle Dage

Vort Blod vi blanded,
Til Minde Du drage!
Drikken vilde Du
Aldrig nyde,
Med mindre os begge
Man kunde den byde.

Odin.
10. Saa rejs Dig, Vidar!
Til Ulvens Fader
Din Plads i Laget
Du overlader,
At Loke Os ikke
I Øgers Hal
Med Smædeord
Anfalde skal.

Da stod Vidar op, og skjænkede for Loke; men før han drak, tiltalte han Aserne saaledes:

11. Hil Aser og Hil
Asynier være,
Alle storhellige
Guder Ære!
Een As jeg haver
Dog ikke i Sinde,
Brage, som bænker sig
Hisset inde.

Brage.
12. Hest og Værge
Af Mit jeg byder,
Saalunde Brage
Dig Bøder yder,
At ej Du Aser

For Had skal lægge
Og Guders Vrede
Mod Dig opegge.

Loke.
13. Armringe og Heste,
Brage! Du aldrig
Skal have til Bedste;
Af Aser og Alfer,
Som ere her nu,
For Strid ej frygter,
For Skud ej flygter
Nogen, som Du.

Brage.
14. Hvis udenfor Øgers
Hal jeg var,
Hvor nu jeg inde
Mit Sæde har,
Jeg skulde i Haand
Dit Hoved bære,
Derpaa kan Du
Sikker være.

Loke.
15. Hvor Brage er tapper
Inden Døre!
Ej kunde Du, Bænkpynt!
Sligt udføre;
Hvis vred Du er,
Saa kom kun an,
Betænksom er ikke
En stridbar Mand.

Idun.
16. Brage! For Børnenes
Slægtskabsheld,

Og alle Pleje-
sønners Vel,
Jeg beder, at her
I Øgers Haller
Loke Du ej
Med Haan anfalder.

Loke.
17. Ti Du, Idun!
Blandt alle Kvinder
Ingen, som Dig,
Jeg mandgal finder;
Thi selv om ham,
Som Din Broder vog,
Din dejligtvættede
Arm Du slog.

Idun.
18. Ej jeg, Loke,
Her anfalder
Med Smædeord
I Øgers Haller;
Brage jeg stiller,
Hidsig af Drik,
Vil ej, at vrede
Til Strid I gik.

Gefjon.
19. Hvi ville herinde
I Aser tvende
Saarende Ord
Mod hinanden vende?
Lopter ej veed,
Han selv staaer paa Spil,
At Livsfordærv
Ham søge vil.

Loke.
20. Ti Du, Gefjon!
Det melder min Røst,
At hin hvide Svend
Dig lokked til Lyst,
Han det herlige
Smykke Dig bød,
Det, som Du gjemte
I dit Skjød.

Odin.
21. Gal er Du, Loke!
Reent fra Forstand,
At Gefjons Vrede
Du tirre kan;
Jeg troer hun Oldenes
Skjæbne saa nøje
Kjender, som mig
Den staaer for Øje.

Loke.
22. Ti Du, Odin!
Naar Mændene stride,
Du kan ej veje
Til rette Side;
Ofte Du gav
Ubillig Gave
Og lod den Svagere
Sejer have.

Odin.
23. Veed Du, om jeg gav
Ubillig Gave,
Og lod den Svagere
Sejer have?
Otte Vintre
Du under Jord

Som malkende Ko
Og Kvinde foer,
Og der du Fostre
Til Verden bar —
Sligt troer jeg en Uslings
Kjende var.

Loke.
24. Paa Samsø, Man siger,
Du maatte dig neje,
Og ramme paa Slump
Som Vøler pleje;
Blandt Folk som Spaamand
Du løbet har —
Sligt troer jeg en Uslings
Kjende var.

Frigga.
25. Aldrig skulde
I Aser tvende
Folk fortælle
Hvad Eder mon hænde,
Hvad I bedrev
I gamle Dage!
Fordums Værk
Er Mændenes Plage.

Loke.
26. Ti Du, Frigga!
Du Livsglads Datter,
Mændene stedse
Din Lyst omfatter;
Thi Vile og Ve,
Skjøndt Vidrers Kvinde,
Begge Du lod
Din Elskov vinde.

Frigga.
27. Ja, kunde i Øgers
Hal herinde
Jeg nu en Søn
Som Balder finde,
Da ud fra Aser
Du aldrig kom,
Da fældede Sværdet
Din Vredesdom.

Loke.
28. Vil Du, Frigga!
At end dit Øre
Bittrere Ord
Af mig skal høre:
Jeg det volder,
At aldrig meer
Balder at ride
Til Sal du seer.

Freya.
29. Raser Du, Loke,
At Du her
Ripper op,
I saa led Ufærd;
Vist Frigga veed,
Hvad i Skjæbnen boer,
Om end hun selv
Ej siger et Ord.

Loke.
30. Ti, Freya! Jeg kan
Dig paa en Prik,
Næppe Du fri
For Laster gik;
Af Aser og Alfer,

116

Som ere her,
Din Boler været
Haver Enhver.

Freya.
31. Falsk er din Tunge,
Jeg troer forvist,
Den galer dig selv
Fortræd tilsidst;
For Aser, Asynier
Er Du en Gru,
Du farer vist hjem
Bedrøvet i Hu.

Loke.
32. Ti Du, Freya!
Din Trolddomskvind,
Fuldt af Ondskab
Er dit Sind;
Uhøvisk Du var nok,
Da Guder milde
Ved Sejd du stemte
Mod Broderen ilde.

Njord.
33. Ej farligt det er,
At Ægtekvinde
I Bolskab og Sligt
Sig lader befinde;
Men Under det er,
At see herinde
Den tvekjøns As,
Der fødte som Kvinde.

Loke.
34. Ti Du, Njord!
Til Østerleden

Som Gidsel for Guder
Du sendtes heden;
Af Hymers Møer
Blev tagen i Brug
Din Mund, og tjente
Til Vædsketrug.

Njord.
35. Og sendtes jeg heden
Til fjerne Kyst
Som Gidsel for Guder,
Da var det min Trøst,
At Sønnen jeg fik,
Der elskes af Alle,
Og hvem de Asernes
Fyrste kalde.

Loke.
36. Stop nu, Njord!
Du tæmme Dig maa,
Ej længer jeg lægger
Skjul derpaa:
Slig Søn din egen
Søster Dig bar,
Uventet, han værre
End Du ej var.

Tyr.
37. I Asers Gaarde
Blandt Fyrster bolde
Frey man maa
For den ypperste holde;
Ej Mø eller Kone
Til Graad han bringer,
Og løser Alle
Af Baand, som tvinger.

Loke.
38. Ti Du, Tyr!
Du mægter ikke
Af baade Hænder
Med Spyd at stikke;
Jeg minder Dig om,
Du led det Tab,
At miste din Højre
I Fenrers Gab.

Tyr.
39. Jeg savner min Haand,
Du savner din Ære,
Begge Dele
Maa sørgeligt være;
Ej heller har Ulven
Det efter Behag,
Han venter i Lænker
Den yderste Dag.

Loke.
40. Ti Du, Tyr!
Din Kone det gik
Ilde, en Søn
Med mig hun fik;
Aldrig en Stuv
Eller Penning dog
Din Stakkel for denne
Krænkelse tog.

Freyr.
41. See, Ulven ligger
Ved Munding af Aa,
Saalænge til høje
Magter forgaae;
Du selv skal bindes
Paa samme Led,
Hvis ej Du tier,
Din Rænkesmed!

Loke.
42. Gymers Datter
For Guldets Værd
Du kjøbte, og solgte
Saa dit Sværd;
Naar Muspels Sønner
Over Mulmskov ride,
Hvormed skal da
Din Stakkel stride?

Beygver.
43. Hør, hvis jeg var
Af saa fornem Æt,
Som Ingunar Freyr,
Og saa herlig stedt,
Jeg knuste til Marven
Den slemme Krage,
Led for Led
Jeg skulde tage.

Loke.
44. Hvad er det for Tingest,
Som loggrer der,
Og snylter efter
Levninger her;
Du er nok stedse
Frey ved Øre,
Og lader ved Kværnen
Din Piben høre.

Beygver.
45. Beygver, jeg hedder,

En dygtig Svend
Kalde mig baade
Guder og Mænd;
Derfor med Ære
Jeg savnes ikke,
Hvor Hropters Børn
Samlede drikke.

Loke.
46. Ti Du, Beygver,
Blandt Mand og Mand
Du Mad ej rettelig
Skifte kan,
Og naar i Striden
Man skulde gaae,
I Sengehalmen
Da skjult Du laae.

Heimdal.
47. Beruset er Du,
Kan Intet sandse,
Loke! vil Du da
Aldrig standse?
Betagen af Fuldskab
Er den Mand,
Som egne Ord
Ej mindes kan.

Loke.
48. Ti Du, Heimdal!
Fra gammel Tid
Dit Liv bestaaer
I et hæsligt Slid;
Mens Ryggen stadig
I Blød er lagt,
Du vaagen skal holde
For Guder Vagt.

Skade.
49. Kry er Du, Loke!
Men snart Du standser,
Og ej saa frit
Med Halen svandser;
Thi Guder skulle
Dig bunden lægge,
Med Reb af din kolde
Søn, over Egge.

Loke.
50. Om Guder mig end
Skulle bunden lægge,
Med Reb af min kolde
Søn, over Egge,
Saa viid, da vi havde
Med Thjasse Kiv,
Baade først og sidst
Jeg gik ham paa Liv.

Skade.
51. Hvis Du, da I havde
Med Thjasse Kiv,
Baade først og sidst
Ham gik paa Liv,
Saa viid, fra mine
Stader og Vange,
Du kolde Raad
Skal stedse fange.

Loke.
52. Mildere dog
Din Tone lød,
Da Løvøes Søn
Din Seng Du bød;
Sligt vi ogsaa
Her maa melde,

Naar nøje vi vore
Lyder optælle.

Da gik Beyla frem, skjænkede Loke
Mjød i Iiskalken og sagde:

53. Hil være Dig, Loke!
Tag Kalken hen,
Med gammel Mjød
Jeg fyldte den,
Fordi at Du ene
Lod hende[1] der
Blandt skyldfri Aser
Uden Besvær.

Han tog Hornet og drak det ud.

54. Dig ene jeg skaaned,
Var Du forsand
Saa streng og varsom
I Ægtestand.
Een dog findes,
Saavidt jeg mindes,
Der selv hos Lorride
Bolet har,
Og det den svigvise
Loke var.

Beyla.
55. Fjældene skjælve!
Fra Hjemmet snart

Lorride stiler
Vist hid sin Fart;
Tavshed han her
Skal lære den,
Som haaner alle
Guder og Mænd.

Loke.
56. Ti Du, Beyla!
Beygvers Kvinde,
Megen Ondskab
I Dig er inde;
Ej større Udvæxt
Saaes fremspire,
Blandt Aser end Du,
Din Skidenlire.

Da kom Thor til og sagde:

57. Ti, Du Halvmand!
Min Hammer stærk,
Mjølner, skal stoppe
Dit Sladderværk;
Jeg hugger fra Hals
Din Skuldertinde,
Og dermed skal
Dit Liv forsvinde.

Loke.
58. Nu Jordens Søn
Er kommen hid,
Thor! Hvi er Du
Saa graadig paa Strid?

---

[1] Sif, til hvem den næste Strofe er henvendt.

I Kamp mod Ulven
Dit Mod skal falde,
Naar Sejerfader
Han sluger med Alle.

Thor.
59. Ti, Du Halvmand!
Min Hammer stærk,
Mjølner, skal stoppe
Dit Sladderværk;
Øterud
Jeg slynger Dig op,
Saa Ingen mere
Skal øjne Din Krop.

Loke.
60. Ej Folk om Farter
I Østerled
Du minde, siden
Din Tapperhed
Kroget i Handskens
Tommel foer;
Hvem skulde da troet,
At Du var Thor.

Thor.
61. Ti, Du Halvmand!
Min Hammer stærk,
Mjølner, skal stoppe
Dit Sladderværk;
Min Højre med Hrungners
Bane Dig slaaer,
Saa hvert et Been
I Stykker gaaer.

Loke.
62. Længe jeg end
At leve agter,

Trods dine truende
Hammerfagter;
Skrymers Remme
Dog vare for skrappe,
Kosten kunde Du
Ikke nappe,
Led, skjøndt sund,
Af en sulten Mund.

Thor.
63. Ti, Du Halvmand!
Min Hammer stærk,
Mjølner, skal stoppe
Dit Sladderværk.
Hrungners Bane
Dig sender fort
Til Hel, dernede
Ved Dødens Port.

Loke.
64. For Aser og Asers
Sønner lød
Min Sang, som Tanken
Mig det bød;
For Dig alene
Ud jeg gaaer,
Jeg veed, at Du
Er den, som slaaer.

65. Øl Du brygged:
Gilder flere,
Øger, gjør Du
Aldrig mere.
Lystig skal Luen
Dit Eje brænde,
Alt hvad her er,
Og svie Din Ende.

Derefter skjulte Loke sig i Franangers Fos i Laxeskikkelse, der grebe Aserne ham. Han blev bunden med sin Søn Narves Tarme, og hans Søn Narve blev til en Ulv. Men Skade tog en Edderorm og hængte den op over Lokes Ansigt, af den dryppede Edder. Sigyn (Dybsind), Lokes Kone, sad der og holdt en Skaal under Edderen, og naar Skaalen var fuld, slog hun den ud. Imens dryppede Edderen paa Loke. Da fik han saa haard en Krampe, at hele Jorden skalv derved. Det er nu kaldet Jordskjælv.

15. Harbardssangen

Thor drog fra Østerleden, og kom til et Sund; paa den anden Side af Sundet var Færgemanden med Fartøjet

Thor raabte:
1. Hvad Svendesvend
Mon hisset der
Ved Sundet holder Stand?

Harbard svarer:
2. Hvad Karlekarl
Er kommen her
Og raaber over Vand?

Thor.
3. Hvis Du mig vil
Over Sundet sætte,
Imorgen jeg Dig
Med Mad skal mætte;
En Madkurv paa
Min Ryg jeg bærer,
Ej Nogen en bedre
Kost fortærer;

Derhjemme jeg nød
I mag min Davre,
Endnu er jeg mæt
Af Sild og Havre.

Harbard.
4. Af Morgenmad
Er Du meget stolt,
Men veed Du, hvad Dig
Er forbeholdt?
Hjemme hos Dig
Der hersker Nød,
Visselig nu er
Din Moder død.

Thor.
5. Hvad siger Du, er
Min Moder død?

Saa vigtig Tidende
Før ej lød.

Harbard.
6. Det skulde man nu
Paa Dig ej see,
At Ejer Du var
Af Gaarde tre;
Barbenet staaer Du,
I Landstrygerdragt,
Ej Buxer engang
Har med Dig bragt.

Thor.
7. Du styre din Ege
Kun hid til mig,
Jeg Landingsstedet
Vil vise Dig;
Men hvo er ellers
Ejermand
Af Baaden, Du holder
Hist ved Land?

Harbard.
8. Hildolf hedder
Hin Kjæmpe klog,
Der bød mig holde
Den Færgekog,
Ved Snildøsund
Man træffer ham;
Men Hestetyve
Og Kjæltringkram
Forbød han mig videre
Frem at sende,
Kun Godtfolk og dem,
Paa hvem jeg har Kjende;
Vil Du, at jeg skal
Over Sundet Dig føre,
Dit Navn Du først
Maa lade mig høre.

Thor.
9. Mit Navn jeg nævner
Og hele min Æt,
Endskjøndt sagfældig
Jeg her er stedt:
Odins Søn
Og Meiles Broder,
Magnes Fader,
Magthaver hos Guder,
Det er jeg: med Thor
Du taler nu.
Men maa jeg saa spørge:
Hvad hedder Du?

Harbard.
10. Harbard: Sjælden
Mit Navn jeg dølger.

Thor.
11. Hvi dølge? Med mindre
Man Dig forfølger.

Harbard.
12. Og om endogsaa
Jeg laae i Kiv,
Altid jeg skulde dog
Hytte mit Liv
For Dig og for dine
Lige, om ej
Min sidste Time
Just var paa Vej.

Thor.
13. Det vilde kun volde
Mig liden Glæde,
At vade til Dig
Og Koften væde;
Men Løn Du faaer
For din spydige Mund,
Du Pøjk! naar først
Jeg er over Sund.

Harbard.
14. Her venter jeg Dig
Og holder Stand,
Du fandt siden Hrungner
Ej haardere Mand.

Thor.
15. Nu taler Du om
Min Hrungner-Trætte,
Af Steen var hans Hoved,
Den hovne Jætte,
Dog fælded jeg ham,
Han maatte sig neje.
Hvad gjorde Du, Harbard!
Som Sligt kan opveje?

Harbard.
16. Paa Øen Algrøn,
I Fjølvars Hjem,
Jeg bragte tilende
Vintre fem;
Der kunde vi slaaes
Og Manddrab øve,
Lokke Møer,
Og Meget prøve.

Thor.
17. Hvor monne de Kvinder
Vel Eder behage?

Harbard.
18. Flinke nok,
Naar de kun vare spage,
Raske nok,
Naar de vare os gode;
Simer de ud af
Sandet snoede,
I Dalens Dyb
De Grunden grove;
Hos Søstre syv
Jeg kunde sove,
Ved Snildhed vandt jeg
Dem allesammen,
Til mig stod deres
Fryd og Gammen.
Hvad Daad kan mod dette,
Thor! Du berette?

Thor.
19. Thjasse, den strunke
Jætte, jeg vog,
Alvoldersønnens
Øjne jeg slog
Op paa den klare
Himmel, de vare
mine Bedrifters
Store Tolk,
Synlige siden
For alle Folk.
Hvad Daad kan mod dette,
Du, Harbard! berette?

Harbard.
20. Med Hexe jeg havde
Elskovsspænd,
Jeg lokkede dem
Fra deres Mænd
Hlebard mig syntes
En Jætte gram,
Han gav mig i Haand
Den stærke Vaand,
Og fra Forstanden
Jeg tryllede ham.

Thor.
21. Ilde da lønned Du
Gode Gaver.

Harbard.
22. Eeg haver det,
Hvad af anden man skaver,
I Sligt Enhver
Jo om sig er.
Hvad Daad kan mod dette,
Thor! Du berette?

Thor.
23. Jeg slog de Jætters
Ondvise Brude,
Som droge tilfjælds
Der Øster ude,
En talrig Slægt!
Var Alle ilive,
Der vilde ej Mand
I Midgaard blive.
Hvad Daad kan mod dette,
Du, Harbard! berette?

Harbard.
24. Jeg var i Valland
Med i Krig,
Splid satte blandt Konger,
Men aldrig Forlig.
De Jarler er' Odins,
Som falde paa Val,
Men Trællenes Slægt
Thor eje skal.

Thor.
25. Følget Du skifted
Ej ligeligt
Til Aser, om Stormagt
Du havde til Sligt.

Harbard.
26. Thor har Styrke
I Overflod,
Men intet Hjærte;
Af Frygt Du lod
Og Rædsel Dig i
En Handske stikke,
At Thor Du var,
Forstod Du ikke;
Du turde ej nyse
Eller andet gjøre
Af Frygt, at Fjæler
Det skulde høre.

Thor.
27. Harbard, din Halvmand!
Jeg skulde Dig slaae
Ihjel, kunde blot
Over Sundet jeg naae.

Harbard.
28. Hvi skulde Du række
Over Sund,
Dertil er jo
Slet ingen Grund.
Thor! lad høre,
Hvad Du monne gjøre!

Thor.
29. Jeg var i Øster,
En Aa jeg værged,
Da Svarangs Sønner
Imod mig hærged;
De sloge med Steen
Til liden Baade,
De maatte dog først
Mig bede om Naade.
Hvad Daad kan mod dette
Du, Harbard! berette?

Harbard.
30. Øst paa jeg talte
Med En, jeg ej nævner,
Med den Linhvide spøgte,
Holdt lange Stævner,
Den guldfavre Mø
Jeg var til Behag,
Den Gammen var efter
Hendes Smag.

Thor.
31. Godt Kvindeselskab
Du var da i.

Harbard.
32. Jeg trængte dog, Thor!
Til at Du stod mig bi,
For at erholde
Den linhvide Pige.

Thor.
33. Ved Lejlighed skulde
Min Hjælp ej svige.

Harbard.
34. Min Tillid Du fik,
Hvis den ej mødte Svig.

Thor.
35. Aldrig var jeg
En Hælbider slig,
Som gammel Skindsko
I Foraarstid,
Ej flagred jeg lokkende
Hid og did
Som Fluen i Solskins
Varme ved Vandet.

Harbard.
36. Siig, Thor! Hvad Daad
Bedrev Du blandt Andet?

Thor.
37. Paa Lesøe Bersærkers
Brude jeg slog,
Misdædersker var de,
Alt Folk de bedrog.

Harbard.
38. Skammeligt, Thor!
At slaaes med Kvinder.

Thor.
39. Kvinder næppe,

Nej, rene Ulvinder!
Mit Skib, som jeg havde
Fortøjet, de øded,
Mig selv med Køller
Af Jern de høded,
Og Thjalfe forjog;
Hvad mon Du imens
Dig foretog?

Harbard.
40. I Hæren jeg var,
Der togede hid,
At rejse Banner
Og yppe Strid.

Thor.
41. Nu taler Du om,
Da hid Du foer,
For os at bringe
En Ulykke stor.

Harbard.
42. Hvad Mellemmænd kjende
Os i Forlig,
Med Daskepenge
Jeg bøder Dig.

Thor.
43. Hvor lærte Du dog
De knubbede Ord,
Saa knubbet som aldrig
Jeg før erfoer.

Harbard.
44. Af hine Gamle
Lærte jeg dem,
Som bygge i Skovene
Op deres Hjem.

Thor.
45. Godt Navn Du her
Steendysser gav,
Naar "Skovens Bolig"
Du kalder en Grav.

Harbard.
46. Saa dømmer jeg her
Om saadan Færd.

Thor.
47. Dig ilde bekom
Din flotte Mund,
Hvis nu jeg vadede
Over Sund;
Du højere vist
End Ulven brølte,
Naar Du af min Hammer
Huggene følte.

Harbard.
48. Hos Sif er en Boler,
Ham gad Du vel finde;
Kjæmp der, det ligger
Dig mere paa Sinde!

Thor.
49. Du lader nu Munden
Lystigt løbe,
Mig de piinligste
Ting at røbe;
Dit fejge Spøgelse
Løgn vist melder.

Harbard.
50. Jeg mener, at Sandhed
Jeg Dig fortæller;
Seendrægtig Du er,
Langt var Du alt, Thor!
Om Du i forvandlet
Skikkelse foer.

Thor.
51. Harbard, Din
Utugtige Krop!
Altfor længe
Du holdt mig op.

Harbard.
52. At Røgtere kunde
Sig lægge i Vej
For Asathor,
Det tænkte jeg ej.

Thor.
53. Jeg giver Dig nu
Et Alvorsraad:
Ro hidover
Kun med Din Baad,
For Skjændsmaal er der
Ej mere Tid,
Til Magnes Fader
Du søge hid.

Harbard.
54. Fra dette Sund
Du bort kan gaae,
Overfart vil Du
Aldrig faae.

Thor.
55. Fører Du mig
Over Vandet ej,
Saa viis mig ad
Den anden Vej.

Harbard.
56. Kort var at negte,
Langt er at fare:
Til Stokken vil
En Stund det vare;
En anden til Stenen;
Saa Du gaaer
Ad Venstre, indtil
Du Verland naaer.
Der Fjørgyn for Thor,
Sin Søn, vil stande
Og Ætmænds Veje
Til Odins Lande
Ham lære at gaae.

Thor.
57. Mon Dagen vil strække
Til did at naae?

Harbard.
58. Med Nød og Møje
Du didhen naaer,
Mens Solen endnu
Oppe staaer,
Nær, tænker jeg, ved
At gange ned.

Thor.
59. Vor Tale nu kort
Ikkun skal vare,

Naar ene med Spot
Du vil mig svare;
For negtet Overfart
Skal Du mig bøde,
Naar næste Gang

Vi hinanden møde.

Harbard.
60. Far hen, hvor Pokker
Dig heelt kan øde!

16. Menglads Udfrielse

A. Groagalderet

Sønnen.
1. Vaagn Groa, vaagn op,
Du gode Kvinde!
Ved Dødens Port
Du vækkes til Minde
Om Tilholdet, som
Din Søn Du gav,
At møde ved Dyssen
Paa Din Grav.

Groa.
2. Hvad ængstlig Bøn,
Min eneste Søn?
Hvad Ondt mon i
Din Lod nu falder?
Siden Du her
Paa Moder kalder,
Endskjøndt hun alt
I Muld er lagt
Og har Farvel
Til Verden sagt.

Sønnen.
3. Et hæsligt Tavlbord
For mig skjød
Hin svigfulde Kvinde,
Da hun mig bød,
Min Faders Hustru,
Paa Lykke og Fromme
At søge til Menglad
Hen at komme.

Groa.
4. Lang er Farten,
Lange dens Veje,
Langen Attraa
Mennesker eje;
Hvis saa det skeer,
At Din Villie Du faaer,
Da lyder Skulde
De skabte Kaar.

Sønnen.
5. Lad nu kraftige
Galdre klinge,
Moder! Din Søn
Du Frelse bringe!
Ellers paa Vejen
Jeg vist forgaaer,
Og dertil er jeg
For ung af Aar.

Groa.
6. Dig synger jeg først
Hin gavnrige Sang,
Som Rinde kvad
For Ran engang:
Af Axlen ryst
Hver trykkende Byrde,
Og selv Du være
Din egen Hyrde!

7. Saa synger jeg Dig
En anden Sang:
Naar villieløs er
Din Vandringsgang,
Lad Urdes Baand
Dig kraftigen holde,
Om Noget Dig Skjændsel
Vil forvolde!

8. Min tredje Sang
For Dig skal klinge,
Naar Folkestrømmen
Dig Død vil bringe:
"Horn" og "Lunde"
De søge til Hel
Og mindske sig stedse
For Dit Vel!

9. Min fjerde Sang
For Dig skal klinge:
Naar Dig paa Galgevej
Fjender omringe,
De skjælve i Hu,
Dig Magt skal gaae
Til Haande, og fredeligt
Sind de faae.

10. Min femte Sang
For Dig er god,
Naar Fjedren binder
Dig Arm og Fod:
Søkongens Lue
Mit Kvad skal bringe,
Og Lænkerne løse
Af Lemmer springe.

11. Saa synger jeg Dig
Min sjette Sang:
Naar ud Du stedes
I Bølgegang,
Større end nogen
Mand den saae,
Lugn og Sø
I Dit Værge staae,
Og stedse Dig give,
At fuld af Fred
Din Fart maatte blive!

12. Saa synger jeg Dig
Min syvende Sang:
Naar Frost Dig rammer
Paa Højfjældsgang,
Ej Dødskulde mægter
Dit Kjød at tære
Og Krop med Ledemod
Sammensnære.

13. Min ottende Sang
For Dig skal lyde:
Naar ude Dig
I taaget Gyde
Natten træffer,
At christendød
Kvinde ej mægter
At volde Dig Nød.

14. Min niende Sang
Dig lover dette:
Naar Ord Du skifter
Med spydstærk Jætte,
Mandvid og Tale
Dit Hjærteminde
I Overflødighed
Da skal finde.

15. Far nu kun der,
Hvor Fælder true,
Ej Meen skal standse
Dit Hjærtes Lue!
Paa Gravens Tærskel-
Steen jeg stod,
Mens Tryllesange
Jeg klinge lod.

16. Tag med Dig Moders
Ord, min Søn,
Og gjem det i
Dit Hjærtes Løn!
Du stedse rigeligt
Held skal finde,
Saalænge mit Ord
Du har i Minde.

B. Fjølsvidsangen

a. Odin staaer i Forgaarden til den sande Helligdom. En Fremmed nærmer sig og giver sig et for-blommet Navn.

1. Uden for Gaarde
Han saae fremtræde
En Skikkelse gjennem
Folkenes Sæde:
Pak Dig bort
Paa slagen Vej!
En Løsgjænger her
Tilstedes ej.

2. Hvad Uglebilled
Sig lister om
Ved Banluen der
Og Forgaards Bom?
Hvad søger Du vel,
Til hvem har Du Bud,
Hvad vil Du venneløs
Her forske ud?

3. Hvad Uglebilled
I Forgaarden staaer,
Og negter de Farende
Indgangs Kaar?

Længe nok stod Du
Og skjældte her,
Gaae Du nu hjem
Og læg Dig der!

4. Fjølsvid[1] jeg hedder,
Er kløgtig i Sind,
Men kostmild af mig
Det er jeg ej.
Aldrig i Verden
Du kommer herind,
Driv Du, Fredløse,
Nu Din Vej!

5. Fra Øjets Gammen
Man nødig gaaer,
Naar smukke Ting
Man i Syne faaer;
Om gyldene Sale
Jo Gaardene gloe,
Her kunde jeg ønske
At slaae mig til Ro.

6. Siig mig, hvorfra
Du stammer, Svend,
Hvis Søn Du er,
Nævn mig de Mænd?
Vindkold jeg kaldes,
Til Fader jeg har
Vaarkold, hans Fader
Fælkold var.

b. For Helligdommen raader den rene Gudsbevidsthed, Menglad, som en Prindsesse, der, omgiven af Tryllehindringer, venter paa Forløsning.

7. Siig mig nu det,
Du vise Mand!
Hvad forske jeg vil
Og vide paa Stand:
Hvo monne her raade
Og Riget befale,
Med Ejendele
Og Højloftssale?

8. Menglad man hende
Nævnet har,
Hvem Moder for Søn
Af Søvndjærv bar;
Hun monne her raade
Og Riget befale,
Med Ejendele
Og Højloftssale.

9. Siig mig nu det,
Du vise Mand!
Hvad forske jeg vil
Og vide paa Stand:
Hvad kaldes vel Portens
Lukke hist,
Blandt Guder ej saaes
Saa farlig en List?

10. Knaldogfald hedder
Den Port behænde,
Den laved tre Sønner
Af Solblende,
En Fjæder fanger

---

[1] ɔ: Viismand.

Hver Vandringsmand,
Som Klinken fra Karmen
Løfte kan.

11. Siig mig nu det,
Du vise Mand!
Hvad forske jeg vil
Og vide paa Stand:
Hvad kaldes vel Volden,
Som runder sig hist,
Blandt Guder ej saaes
Saa farlig en List?

12. Gjæstrøber den hedder,
Jeg selv har den lavet
Af Leerskums Lemmer
Og støttet og stavet,
At stande den vil,
Mens Old er til.

13. Siig mig nu det,
Du vise Mand!
Hvad forske jeg vil
Og vide paa Stand:
Hvad kaldes de Hunde,
Som Utysker skræmme,
Naar hid de stedes
For Leervolds Gjemme?

14. Hidsig den ene,
Sluger den anden,
Om sligt Du ønsker
At vide forsanden;
Her skal de holde
Elleve Vagter,
Til Undergang rammer
De høje Magter.

15. Siig mig nu det,
Du vise Mand!
Hvad forske jeg vil
Og vide paa Stand:
Mon Nogen indenfor
Træde kunde,
Mens Søvn betager
De glubske Hunde?

16. En Vexelsøvn
Er dem strengt paalagt,
Fra den Tid her
De sattes paa Vagt,
Hiin sover om Nat,
Om Dagen denne,
Og Pokker kunde
Ind da rende.

c. Syndens Vejrhane i Kundskabstræet er den Ulykkesfugl, man skal i Kast med for at overvinde de Hindringer, der afskjære Helligdommen.

17. Siig mig nu det,
Du vise Mand!
Hvad forske jeg vil
Og vide paa Stand:
Kan man for Hundene
Lokkemad kaste
Og, mens de æde,
Forbi dem haste?

18. To Mørbrade gjemmer
Vidofners Side,
Om saadant nu

Du ønsker at vide;
Det ene er Mad
Efter deres Sind,
Og mens de æde,
Man løber ind.

19. Siig mig nu det,
Du vise Mand!
Hvad forske jeg vil
Og vide paa Stand:
Hvad hedder det Træ,
Der ud sig breder
Over alle Lande
Og Landsens Steder?

20. Mimerstræ hedder det,
Faa man finder,
Som vide, af hvilke
Rødder det rinder,
Hvormed det fældes,
End Færre vide,
Thi Ild og Jern
Ej paa det bide.

21. Siig mig nu det,
Du vise Mand!
Hvad forske jeg vil
Og vide paa Stand:
Hvad monne det Højtræs
Sind da være,
Naar hverken Ild
Eller Jern det skjære?

22. Af Træets Frugter
Man Ild skal lave
For Kvinder, som Kulde-
Syge have:

Ud kommer da,
Hvad man inde bør gjemme,
Det saa er Menneskets
Skjæbnefremme.

23. Siig mig nu det,
Du vise Mand!
Hvad forske jeg vil
Og vide paa Stand:
Hvad hedder den Hane
I Højtræs Top,
Af Guld han glimrer
Paa al sin Krop?

24. Vidofner han hedder,
Og Kvisten bærer
I Mimerstræet
Den Uvejrsnærer,
I Eet han Meen efter
Meen udsender,
Som Surt han laver
En Kost, der brænder.

25. Siig mig nu det,
Du vise Mand!
Hvad forske jeg vil
Og vide paa Stand:
Hvor noget Vaaben
Finder man vel,
Som sender Vidofner
Ned til Hel?

26. Jo, Ønskekvisten;
Ved Dødens Port
I sin Hovenhed
Har Lopt den gjort.
Den monne Sinmare

Hos sig forvare,
En Sejgjerns Kiste
Den ligger i,
Og for den lukke
Bindlaase ni.

27. Siig mig nu det,
Du vise Mand!
Hvad forske jeg vil
Og vide paa Stand:
Mon den vel kunde
Slippe tilbage,
Som hen vil fare
For Kvisten at tage?

28. Derfra skal slippe
Han, som vil drage
Hen for Ønske-
Kvisten at tage,
Hvis med sig bringe
Han kan en Gave
Til Syndens Læge,
Som Faa hun have.

29. Siig mig nu det,
Du vise Mand!
Hvad forske jeg vil
Og vide paa Stand:
Mon slig en Skat
Er til at finde,
Hvormed man stiller
Den gustne Kvinde?

30. En Krumfjær glindser
I Vidofners Bag,
Den skal Du bære
Som Offersag
Og byde den til
Den stærke Mare,
Da lader hun Drabets
Vaaben fare.

d. Hedenskabets Tempel som Helligdommens Forgaard og Forvarsel.

31. Siig mig nu det,
Du vise Mand!
Hvad forske jeg vil
Og vide paa Stand:
Hvad hedder Salen,
Som her jeg skuer
Omslynget af snilde
Varselsluer?

32. Glød er dens Navn,
Og nu alt længe
Paa Spydsod monne
Dens Skjæbne hænge;
Kun Ryet, der af dens
Herlighed gaaer
Igjennem Tiden,
Til Mennesket naaer.

33. Siig mig nu det,
Du vise Mand!
Hvad forske jeg vil
Og vide paa Stand:
Hvo gjorde af Asers
Sønner, hvad her
Jeg indenfor Hegnet
Stande seer?

34. (?) Ro og Møje,
Strid og Leg,
Dvælsind, Iilsind,
Højgang, Dybgang,
Lysets Fremning,
Kampens Hemning,
Himmelsk Længsel,
Jordisk Fængsel.

e. Den ideale Bevidsthed troner som en Brud paa et frelsende Bjærg med velgjørende Tærner i sit Følge.

35. Siig mig nu det,
Du vise Mand!
Hvad forske jeg vil
Og vide paa Stand:
Hvad hedder det Bjærg,
Hvorpaa i Skrud
Jeg seer den Folke-
Herlige Brud?

36. Højtidsbjærget
Er Fjældets Navn,
Som længe var Syges
Og Saaredes Gavn;
Sund bliver hver Kvinde,
Som naaer dets Top,
End bringe hun Aarssot
Med sig derop.

37. Siig mig nu det,
Du vise Mand!
Hvad forske jeg vil
Og vide paa Stand:
Hvad hedde de Møer,

Der sidde tilsammen
For Menglads Knæ
I Eendragts Gammen?

38. Skjærm hedder den første,
Saa Skjærmforjætte,
Saa Folkeværnerske,
Bært og Blid,
Vennehuld og
Yndefuld,
Smertebod og
Givegod.

39. Siig mig nu det,
Du vise Mand!
Hvad forske jeg vil
Og vide paa Stand:
Mon Bjærgegjerning
Mod Folk de øve,
Der til dem blote
Og Hjælp behøve?

40. Naar Mænd dem blote
I hver Skjærsommer
Paa alterhellige
Sted: ej kommer
Saa stor en Pest
Til en Menneskefød,
At de jo tage ham
Ud af Nød.

f. For Menglad er der en Brudgom bestemt; det er ham, der er kommen.

41. Siig mig nu det,
Du vise Mand!

Hvad forske jeg vil
Og vide paa Stand:
Mon Menglad nogen
Mand vil unde
I hendes favre
Arme at blunde?

42. Ej eneste Mand
Vil Menglad unde
I hendes favre
Arme at blunde
Undtagen Svipdag;
Kun ham ved Pagt
Til Ægte hiin solbjærte
Brud er sagt.

43. Smæk Portene op,
Giv Plads mig der,
Selve Svipdag
Du skuer her!
Dog gaa, og skaf mig
Først et vide,
Om Menglad monne
Min Gammen lide!

44. Hører Du, Menglad!
Her er en Mand,
Gak selv at skue
Den Gjæst paa Stand;
Hundene logre,
Op Porten sprang,
Jeg troer at kjende
Svipdags Gang.

45. Horske Ravne
I Galgens Top
Skal slide Øjnene
Af din Krop,

Hvis det Du lyver,
At langvejs er
Den Svend nu kommen
Til Salen her.

46. Hvorfra gik Du ud,
Hvad Vej var Du stedt,
Hvad kaldtes Du hjemme?
Dit Navn, din Æt
For mig skal sikkert
Jertegn være,
Om Dig min Tro
Blev lovet med Ære.

47. Svipdag mit Navn,
Solbjært min Fa'er,
Den kolde Vind
Mig deden bar;
Mod Nornens Ord
Kan Ingen stride,
Om end hun lagde
Det til Kvide.

48. Velkommen Du være,
Min Vilje jeg faaer,
Et Kys med Hilsen
I Følge gaaer!
Gjensyn glæder
Jo gjerne Enhver,
Som haver en Anden
Inderlig kjær.

49. Paa det liflige Fjæld
Jeg sad i Mag,
Og Dig jeg ventede
Nat og Dag,
Alt skede det,

Som mit Ønske var,
Dig Yngling atter
Min Sal nu har.

50. Før vi længtes
At komme sammen,

Du til min Elskov
Og jeg til din Gammen,
Nu skal dette
En Sandhed være:
Ingensinde
Vi skilles mere!

17. Solsangen

*a. Barmhjærtigheds Løn
og Falskheds Straf*

1. Grusom Daad
Hiin Kjæmpe øved,
Mændene Liv
Og Gods han røved,
I Frelse kunde
Ingen gaae
Ad Vejen, hvor
Paa Lur han laae.

2. Han Maden oftest
Ene nød,
Og aldrig Nogen
Til Maaltid bød,
Førend i Møde
Og Useldom
En Vandringsmand
Fra Vejen kom.

3. Til Drikke trængte
Den trætte Mand,
Og stilled sig ganske
Hungrig an,
Som fæsted han ræd
Af Hjærte Lid
Til den, som var ond
I forgangen Tid.

4. Mad og Drikke
Han ydede nu
Den mødige Mand
Af ærlig Hu,
Han tænkte paa Gud
Og gjorde ham vel,
Han kjendte sin egen
Syndige Sjæl.

5. Men hiin stod op
Med Ondt isinde,
En farlig Gjæst
Nu var derinde,
Thi Synden svulmed,
I Søvne han vog

Den Snilde, som ellers
Var saa klog.

6. Om Hjælp han bad
Til Himlens Gud,
Da op han vaagned
Og Livet gik ud,
Men den, som ham bragte
Uskyldig af Dage,
Hans Syndeskyld maatte
Paa sig tage.

7. Hellige, Engle
Fra Himmelhjem
Nedstege og toge
Hans Sjæl i Gjem,
Reenlivet den nu
I Evighed
Hos Gud Almægtige
Har sit Sted.

*b. Den timelige
Lykkes Ustadighed*

8. For Gods og Helsen
Kan Ingen raade,
Om Alting end
Ham ganger til Baade,
Hvad mindst han aner
Tidt slaaer ham ned,
Selv raader Ingen
For egen Fred.

9. Ej tænkte Unnar
Og Sævold paa,
At Lykken kunde
Til Grunde gaae,
Nøgne de stode,
Alt var tilende —
Som Ulve de maatte
Til Skoven rende.

c. Elskovs Farlighed

10. Elskovs Magt
Har Mangen bedrøvet,
Megen Kval
Er af Kvinder øvet,
Hvor skjære den mægtige
Gud dem gjorde,
Et skadeligt Væsen
Dog de vorde.

11. Skarthedin og Svafad,
Venner kjære,
Den Ene ej kunde
Den Anden undvære,
Førend een Kvinde
Dem begge bedaared,
Hvem Skjæbnen til deres
Fordærv udkaared.

12. De glemte Leg
Og den lyse Dag,
Den Liljevaand ene
Var deres Behag,
Det herlige Billed
De tænkte paa,
Alt Andet dem monne
Af Sinde gaae.

13. Saa sorrigfuld gik
Den mørke Nat,

Den søde Søvn
Dem havde forladt;
Af al den Harm
Udrandt et Had,
Som splittede Hjærtens
Venner ad.

14. Med Sligt, der kan
Sig sjælden hænde,
Som oftest det tager
En grulig Ende:
Til Holms de gik
For den væne Viv,
Der lode de begge
Deres Liv.

d. Hovmods-Daddel

15. Hovmod nære
Bør ingen Mand,
Derom jeg sandeligt
Vidne kan;
Thi de, som lægge
Paa samme Flid,
Sig fjerne fra Gud
Den meste Tid.

16. Raadø og Veboge
Rige vare,
Og syntes i Alting
Vel at fare;
Nu sidde de der
Og mod Ilden sig dreje,
For vexelviis
Deres Vunder at pleje.

17. Sig selv ikkun
De stolede paa,
Højt over Alle
De troede sig staae;
Men Livsloddet lod
Den almægtige Gud
Paa anden Maade
For dem falde ud.

18. Et Liv af alskens
Vellyst fuld
De førte, og frydede
Sig med Guld;
Løn som forskyldt
De nu maa fange,
Imellem Frost
Og Ild at gange.

e. Forsigtigheds Priis

19. Ej Lid til dine
Fjender fæst,
Om end de fagre
Ord Dig give;
Lov godt igjen,
Det tjener bedst
Af Andres Skade
Klog at blive.

20. Saa monne det Sørle
Godraad gaae,
Da han til Vigolf
Tilflugt tog;
Sin Broders Bane
Han stolede paa,

Men denne troløs
Ham bedrog:

21. Af ærligt Hjærte
Han gav dem Fred,
De lovede Guld
I Vederlag,
Saa drak de sammen
I Enighed,
Men Falskhed siden
Kom for Dag.

22. Thi da derefter
Paa anden Dag
De gjennem Jætte-
Dalen red,
Saa sloge de ham
Med Sværdeslag,
Ham sagesløs
De huggede ned.

23. Ad lønlig Sti
Hans Lig man drog,
Og kasted i Vældet
I Stykker smaa;
Man vilde det skjule,
Vorherre dog,
Den Hellige, det
Fra Himlen saae.

24. Den sande Gud
Hans Sjæl gav Kald
Til frydelig
Hos sig at boe;
Men Morderne
Fra deres Kval
Vist skulle kaldes
Seent til Ro.

f. Religionen

25. Guddomsordets
Diser Du bede,
At være Dit Hjærte
Huldt tilrede;
Ugen derefter
Du din Vilje
I Alting lykkelig
Da skal gilje.

26. Naar Du i Vrede
Dig har forløbet,
Ej Ondt Du gjøre
Oven ikjøbet;
Du lindre skal
Ved at gjøre vel
De Saar, Du slog,
Det gavner din Sjæl.

27. Om alt Godt
Du bede til Gud,
Der Mennesket satte
I Verden ud;
Den Mand sin Byrde
Meget øger,
Som seent vor Faders
Tjeneste søger.

28. Og har Du nogen
Lønlig Brøst,
Saa bed for den
Med ivrig Røst;
Hvo ikke beder,
Han Intet faaer,
Den Tavses Tarv
Man sjælden forstaaer.

29. Aarle jeg kaldes,
Silde jeg kommer
Til Tærskelen hos
Den højeste Dommer;
Nu stunder jeg did,
Han Løfte mig gav,
Den fanger Kraas,
Paa Kraas gjør Krav.

30. Det volder Synden,
At vi ej glade
Lidenskabens
Hjem forlade,
Den kun frygter,
Som gjør det Onde:
Held den, som brødefri
Være kunde!

31. Hvo i sit Hjærte
Kun nærer Svig,
Han synes at være
Ulven lig,
Ham vil den Skjæbne
Times i Eje,
At han skal vandre
Paa gloende Veje.

32. Syv samfulde Venneraad
Giver jeg her,
Kløgtigen udtænkt
Hvert især;
Lær dem tilgavns,
At de ikke undfalde,
Til Lærdom nyttige
Ere de alle!

g. Livet er godt, Døden haard

33. Hvor salig i Liden-
skabens Hjem
Jeg var, det nu
Skal sættes frem,
Og saa, hvor Menneskens
Børn ville
Nødigen sig
Fra Livet skille.

34. Vellyst og Stolthed
De Mennesker svige,
Som efter Rigdomme
Stadigen hige,
Blanke Penge —
Sorger lange,
Guldet har
Bedaaret Mange.

35. For Folk jeg syntes
Mig at fornøje,
Thi Fremtiden havde
Jeg lidet for Øje,
Og fuld af Nydelse
Skabtes jo
Dette Dvælens
Og Dvalens Bo.

36. Længe knuget
Jeg sad paa Spring,
Livet var mig
Saa kjær en Ting,
Men en Stærkere
Raadede der,
Fremad gaaer
Den Døendes Færd.

37. Dødens Strikker
Da jeg mærked,
Haardt omsnoet
Min Side værked,
Jeg vilde dem slide,
For stærke de vare —
Let det er
For den Løse at fare.

38. Ene jeg følte
Den svulmende Smerte
Fra alle Kanter
At gribe mit Hjærte,
Hver Aften Dødens
Møer mig bøde
Med vaklende Trin
Hos dem at møde.

39. Solen, Dagens
Sande Stjerne,
Mod Havet saaes
Sig trist at fjerne,
Da hørte jeg fra
En anden Side
Dødens Porte
Hvinende skride.

40. Solen jeg saae
I Straaleblod,
[Da heldede svarligt
Fra Verden mit Mod],
I mange Maader
Jeg syntes hun stod
Langt mere mægtig,
End før det lod.

41. Ja Solen syntes mig
Saa at skue,

Som Lys af Guds egen
Herlighedslue,
For hende jeg bøjed mig
Sidste Gang
I denne Timelig-
hedens Vang.

42. Saa straalende da
Jeg Solen saae,
At al min Viden
Syntes forgaae,
Da hørte jeg Gjaller-
Strømmens Flod
Hisset brølende,
Blandet med Blod.

43. Solen skued
Mit bævende Øje,
I Rædsel jeg maatte
Mig sammenbøje,
Thi over Maade
Var Hjærtet mit
I sine Fibre
Sønderslidt.

44. Sol skued jeg sjælden
I større Smerte,
Da heldede svarligt
Fra Verden mit Hjærte,
Af Træ min Tunge
Mig forekom
Og Kulde betog mig
Rundtenom.

45. Siden hiin Sorgens
Dag forgik,
Aldrig jeg Syn
Paa Solen fik,

Fjældstrømmen over mig
Sammenslog,
Kaldet fra Kvaler,
Bort jeg drog.

46. Jeg fødtes knap
Før Haabets Stjærne
Fra Brystet fløj
Imod det Fjerne,
Mod højen Himmel
Flugten gik,
Aldrig den daled
Og Hvile fik.

47. Langsomt tyktes
Mig at gaae
Hiin Nat, da jeg
Var strakt paa Straa,
Da følte jeg ret
Det Guddomsord,
Mennesket er
Ikkun af Jord.

48. Gud, den Levende,
Som frembragte
Jord og Himmel,
Skal vide og agte,
Hvor eensomt Mange
Heden fare,
Endskjøndt de have
En Slægtningskare.

49. Paa sine Gjerninger
Hviler Enhver,
Salig, hvo Godt
Udførte her!
Mig, som var før

I Rigdom stedt,
En Seng nu var
Med Sand beredt.

50. Hudens Trang
Tidt lokker en Mand,
Mangen for stærk
Den føle kan,
Ledest mig nu
Af Alting var
Vandet i
Et Badekar.

51. Ni Dage paa Norners
Stol jeg laae,
Op til Hest
Man løftet mig saa,
Grim monne Gygers
Sol opstige
Igjennem Skyer
I skyfuldt Rige.

52. Foruden og inden,
Mig forekom,
Syv Dybets Verdener
Foer jeg om;
Foroven og neden
Et bedre Spor
Jeg søgte, hvor lettest
Frem jeg foer.

h. Helvede

53. Nu er at melde,
Hvad først jeg saae
Da Pinehjemmet

Jeg monne naae;
Sjæle som svedne
Fugle fløj,
Talrigt de sværmed
Som Myggetøj.

54. Fra Vesten Savnets
Drager foer
Og lagde for Ildens
Fyrste Spor,
De fløj med rystende
Vingekast,
Saa vide i Himmel
Og Jord det brast.

55. Solhjorten saae jeg
Fra Sønden gaae,
To Væsener lagde
Ham Tømme paa,
Til Jorden ned
Han Fødderne strakte,
Til Himlen op
Han Hornene rakte.

56. Fra Norden saae jeg
Ætmænd ride,
Syv vare de ved
Hinandens Side,
De drak af fulde
Horn den Mjød,
Som reen af Ringgudens
Kilde fløD.

57. Vinden tav
Og Vandet randt
Ej meer, men grimme
Gny der løde,
Hist man skumle

Koner fandt,
Der maled Muld
Til Mandens Føde.

58. Ængstligt de med
Blod bestænkte
Stene drog
De mørke Kvinder,
Hjærtet ud af
Livet hængte
Blodigt, slapt
Af Sorgens Minder.

59. Mange Mænd
Med saaret Fod
Saae jeg der
Paa Gløder fare,
Røde som af
Jætteblod
Deres Aasyn
Alle vare.

60. Mange Mænd,
Hvem Naadens Gave
Negtet blev
Ved Gravens Rande,
Over dem
Med fæle Stave
Hedenskabets
Stjærner stande.

61. Mænd jeg saae,
Som hyppigt bare
Avind over
Andres Held,
Blodigt dem
I Brystet vare

Runer skaarne,
Smertens Gjæld.

62. Mænd jeg saae,
Kun lidet glade,
Vildsomt fore
De omkring: —
Løn for dem,
Der daare lade
Sig af Verdens
Usle Ting.

63. Mænd jeg saae,
Som Andres Eje
Svigefuldt
At vinde stræbte,
Nu ad Penge-
Lystens Veje
Flokken Blyets
Byrder slæbte.

64. Mænd jeg saae,
Som havde Mange
Røvet Liv
Og Gods med Harm,
Mangen kraftig
Edderslange
Grov sig dybt
I deres Barm.

65. Mænd jeg saae,
Som ej sig rene
Havde holdt
For Helligbrøde,
Naglede til
Hede Stene,

Deres Hænder
Haardt maa bøde.

66. Mænd jeg saae,
Som vilde gjerne
Meer end billigt
Var stoltsere,
Pæne Luer
Heelt moderne
Deres Klæder
Nu brodere.

67. Mænd jeg saae,
Som mange Løgne
Monne her
Om Andre sprede;
Helvedravne
Deres Øjne
Grusomt ud af
Hov'det siede.

68. Dog jeg vil
Om Resten tie,
Som i Helved
Plager bar;
Søden Kløe
Suren Svie,
Vellyst Vee
I Følge har.

i. Himlen

69. Nu saae jeg Mænd,
Som havde i Livet
Meget efter
Guds Love givet,
Rene Kjerter

Over dem brændte,
Klare Straaler
De udsendte.

70. Der saae jeg Mænd,
Som af ganske Sjæl
Fremmet havde
De Fattiges Vel,
Engle sig over
Issen svang
Og hellige Bøger
Der afsang.

71. Der saae jeg Mænd,
Som idelig
Med Faste havde
Spæget sig,
Guds Engle sig for
Dem Alle neje,
Det er den ypperste
Fryd at eje.

72. Mænd jeg saae,
Som her i Livet
Havde Moderen
Føde givet;
Hyggelige
Hvilesteder
Paa Himmelstraaler
Man dem bereder.

73. Sjælen havde
Tvættet reen
Hellige Møer
For Syndens Meen
Paa dem, som her

I mange Dage
Egen Krop
Med Piner plage.

74. Høje Karme
Mod Himlen kjørte,
Til Herren deres
Veje førte,
De Karme slige
Mænd frembare,
Som sagesløse
Myrdet vare.

k. Bøn og Veeklage

75. Mægtige Fader!
Højeste Søn!
Og Du Himlens
Hellige Aand!
Du, som skabte,
Hør min Bøn:
Os fra Jammer
Fri din Haand!

76. Vold og List
I Forhærderens Døre
Sidde, det store
Ord de føre;
Stadig de fnyse
Jernstrømme,
Derfor i Strid
Vi Mennesker svømme.

77. Odins Hustru
Higende roer

Paa Jordens Skib
I Nydelsens Spor,
Seent hun Sejlene
Tager ind,
Paa Attraaes Reb
De knejse for Vind.

l. Slutning

78. Nu Solglads Sønner
Og jeg, din Fa'r,
Det Hjortehorn, Søn!
Dig raadet har,
Som Fredens Fyrstes
Vise Bud
Af Højen førte
Fordum ud.

79. Her ere Runer,
Som Møer mon riste,
Raadsnild den første,
Formsnild den sidste,
Og andre syv
Af det Søsterkor,
Ni tilsammen
Døttre af Njord.

80. Hvor haver den ikke
Svælget i Vold,
Den kampbegejstrede
Helteold!

Den øste Blod
Og af Mandefald
Suged sin Kraft,
Det var dens Kald.

81. Nu har jeg lært Dig
Denne Sang,
Den skal Du synge
For Andre engang,
Solens Sang;
Jeg troer, man vil finde,
At Mindst af Løgn
Er i denne inde.

82. Nu skilles vi ad,
Men sankes i Lag
Paa Menneskehedens
Højtidsdag.
Herre Gud giv
De Døde Ro,
Og Trøst til dem
Som i Live boe.

83. En gylden Lære
I Drømme Du fik,
Sandheden viste sig
For dit Blik;
Ingen Viismand
Om Solens Sang
Har hørt, den lød
Nu første Gang.

Kort Forklaring af Eddas mythiske Digte

1. Valas Sandsagn. Vala er den faldne Verdensaand, der her beskriver Verdensudviklingen. Under Naturens Skabning ere først de store Naturkræfter (Jættemagterne) og de guddommelige Kræfter virksomme, dernæst udvikles Naturen i det Smaa (Dværgene og Alferne) indtil Menneskets Skabelse.

Menneskelivets Udvikling beskrives som de Guddomsmagters Historie, paa hvilke Hedningerne efterhaanden kom til at troe. I de saakaldte Guldaldere er Verdensaanden Guldvevre, men hun er ogsaa den gamle Kvind i Jernskoven, som føder de onde Magter.

Efter en Beskrivelse af Tilstanden efter Døden ender Digtet med en Spaadom om Verdens Undergang og Fornyelse og det onde Princips Forsvinding.

2. Odins Ravnegalder beskriver Verdens Tilstand efter Verdensaandens Fald som Idun, og Tvivlen om Frelsen, hvilken Digtet efter sin Slutning synes nærmest at haabe af den Guddomsmagt, som kaldes Heimdal.

3. Skirners Færd beskriver uden Tvivl den Begivenhed i Oldtiden, da Præsteskabet (udtrykt ved Frey) bemægtigede sig verdslig Ære og Herredømme (udtrykt ved Gerda) ved Hjælp af sin Magt til at binde og løse (udtrykt ved Skirner). Strofe 25 til 36 ere en formelig hedensk Bandsættelse. At Frey søger at sætte sig i Lidskjalv, Odins Højsæde, betegner altsaa, at Præsterne satte sig paa en Kongetrone. Præstekongerne vare de saakaldte Drotter, som efter Snorro og Saxo regjerede Nordens Folk før Kongemagtens Indførelse.

4. Grottesangen slutter sig historisk til det foregaaende Digt, og er derfor her indsat imellem de mythiske Digte, skjøndt det egentlig er et reent Sagndigt; thi Frode den Fredegode er netop Repræsentant for den Folkefrihed og Folkefred, som herskede i Begyndelsen af selve Drotternes Regjering — den saakaldte Freys Fred eller Frode fred, der ifølge denne Sang blev afløst af Vikingelivet, af Søkongerne. Naar det hedder, at Frode skal hævnes af Rolf Krake, saa betegnes derved vistnok Indførelsen af et mere ordnet Statsherredømme under Landkonger efter Udløbet af den Heltetid, som nærmest er Gjenstand for Skildringen i Eddas anden Part, Heltesangene. — Under Folkefriheden var Slaveriet, som Sangen antyder, mere trykkende end under Kongeherredømmet, hvilket ogsaa erfares af Tacitus (de Germania cap. 25).

5. Hammerhentningen synes at sigte til en Periode i Oldtiden, hvor Rigmandsvældet havde bragt en usand Tilstand ind i Livet, og havde trykket Almuen, Thors Menighed. Jætten Thrym er aabenbart en Repræsentant for den forfængelige overmodige Rigmand, der troer, at Alt er tilfals, selv Menneskehedens bedste Følelser (Freya). Jættens usle Søster, der forlanger Gave for Gunst, kunde betegne "Bestikkelsen". Den til Digtet svarende kulturhistoriske Tilstand har vel funden Sted i den anden hedenske Old, der falder sammen med Vanerne som Hovedguder; Njord var jo ogsaa Rigdommens Gud.

6. Dverg Alviis hører til de Sange, i hvilke Hovedtanken danner en Ramme for Religionslærdomme, hvis Fremsættelse vel er det egentlige Formaal. Her er Formaalet at karakterisere de forskjellige mythiske Væsener gjennem den forskjellige Maade, paa hvilken de benævne, ɔ: betragte, Tingene i Tilværelsen: til Exempel Vanerne som Livets Magter (der er noget Bevægeligt i deres Benævnelser paa Tingene), Jætterne som de materielle Magter, Alferne som de ethiske og æsthetiske Magter, o. s. fr.

Rammen sigter nok til en Tid, da Lærdommen, Doktrinen, gjorde udelukkende Paastand paa at være paalidelig, og som saadan styrende, thi Thors Datter Trude er vistnok "Paalideligheden". Et saadant Lærdomsvælde maatte da ogsaa henføres i Tiden til den anden Old, under de vise Vaner.

7. Balders Drømme. Balder er det nordiske Hedenskabs Ideal. Det kostede stor Overvindelse at opgive Virkeliggjørelsen af Idealet her paa Jorden, eller, mythisk talt, at lade Balder døe, og først komme igjen efter Ragnarok. Men derved fik Norden i Hedenskabets Tid et Fortrin for Syden, nemlig deri, at man satte Menneskets Maal hinsides Graven, at man troede paa en attraaelsesværdig Tilstand efter Døden, en Tro, som ikke fandtes i Syden, i al Fald kun hos dem, som vare indviede i Mysterierne.

Balders Død er Vendepunktet i den Nordiske Mythologi i Runlæren, og maa historisk sættes paa Overgangen fra Troen paa Frey som Hovedgud til Troen paa Odin som Hovedgud (fra anden til tredje Old), i hvilken de smaa Folkeslag og Stammerne sammensmeltede til Nationer under Kongemagten. Det Sted, hvor Odin efter denne Sang opsøger Vala, er netop det samme Sted, hvorhen Idun efter Ravnegalderet faldt, og hvorhen Skirner vil forbande Gerda, nemlig Overgangsstedet fra denne Verden til Hels Rige, hvilken Indgang troedes at ligge mod Nord, paa den antagne nedadvendte Side af Jorden.

8. Vafthrudner eller Vidkjæmpen. Rammen om dette Digt er en Kamp imellem den verdslige Videnskab (Jætten Vafthrudner) og Religionen (Odin), om hvem der kjender Sandheden bedst; i hvilken Kamp Religionen sejrer ved Mysteriet, Indholdet af Digtet er en Udvikling af den hedenske Religions Lærdomme om Tilværelsen.

9. Rigs Færd. Guden Heimdal fremstilles her som Ophavsmand til de forskjellige Stænder, det vil sige Standsforskjellens fuldstændige Udvikling og navnlig Kongedømmet, som Udviklingens Top, falder historisk sammen med Troen paa Guden Heimdal. Digtet er et vigtigt Vidnesbyrd for, at de lavere Stænder ere ældre end de højere.

10. Hyndlasangen. Hyndla er Vala, og Digtet kaldes ogsaa nogle Steder "den lille Valasang". — Det indeholder en Opregning af mærkelige historiske Slægter, men ender med en Profeti om, at der efter Heimdal skal komme en Frelser, som er større end ham.

11. Højsangen er en hedensk Sædelære, men historisk fremstillet, saaledes at den i tre Afsnit afhandler Sæderne hos de tre forskjellige Slags Mennesker, som de trende hedenske Old frembragte, Menigmanden, den fri Borger og den Fornemme, hverligen Thors, Freys og Odins Tilbeder. Afsnittene ere adskilte ved mythiske Stykker, som kunne henføres til hvad der er skeet med Religionsudviklingen ved Overgangene fra den ene Old til den anden. Tredje Afsnit B fremstiller Runlæren i sin fulde Flor som Udviklingens Resultat. Denne forskjellige Beskaffenhed af Afsnittene forklarer ogsaa enkelte Uovereensstemmelser eller endog Modsigelser som forekomme i Højsangens Læresætninger; thi forskjellige Mennesker have forskjellig Sæd og Skik.

12. Grimner eller den Formummede. Odin tager i dette Digt sin Maske af, og det viser sig da til Slutningen, at han i Grunden beskytter Agnar (Fiskeren ɔ: Fredens Mand), uagtet det fra først af lod, som om han beskyttede Geirrød (Krigeren), eller med andre Ord, at han igrunden er Fredens, ikke Krigens Gud. Med denne Erkjendelse er Hedenskabets historiske Gjerning færdig, og det kan da saa at sige indhøste sit Arbejde, og underkaste det en Selvkritik fra Ende til anden, hvilket skeer i det 14de Digt, i Øgers-gildet. Det hedder derfor i nærværende Sangs Str. 45, at nu forestaaer Øgersgildet, Gudernes Høstgilde. I Digtets Ramme er indflettet endeel Religionslærdomme.

13. Hymerskvadet. En saadan fuldstændig Selvkritik, som den nysomhandlede, kræver Mod ja næsten Frækhed; og Thor maa derfor, ledsaget af Modets Gud Tyr, hos dennes Stiffader, Frækhedsjætten Hymer med den haarde Pande, finde en Kjedel, der er stor nok til en saa omfattende Brygning. Men Kritiken maa skee i Sandhedens Interesse, og derfor lider Løgnens Slange, Midgaardsormen, ved denne Leilighed et Nederlag.

14. Øgersgildet. Dettes Betydning fremgaaer af hvad der om de tvende foregaaende Sange er anført. At Havguden Øger er Gudernes Vært, er begrundet i, at det oprørte Hav er et Sindbillede paa Lidenskaben, og naar denne skal slaaes løs ved et Gilde, maa det staae hos Øger. De græske Guder søgte ogsaa til Gildes hos Okeanos.

15. Harbardssangen er saa at sige Hedenskabets Falliterklæring. Magten i Naturen, Thor, er adskilt fra Magten i Aanden, Odin (thi Harbard er et af Odins Navne), ved et Sund, som Thor ikke kan komme over. Med andre Ord: Runlæren kan ikke forene disse tvende Magter, kan ikke bringe Eenhed i Religionen, maa altsaa give sig fortabt i Kampen for at erkjende det sande Guddommelige.

16. Menglads Udfrielse. Naar en Religion er kommen til Erkjendelse af sin egen Utilstrækkelighed, maa dette føre til, at den udtaler Forventningen om en kommende sand Religion, om en kommende sand Frelse. Denne Udtalelse findes i de tvende Digte om Menglads Udfrielse.

Navnet Menglad, den Smykkestraalende, er, ligesom de eensbetydende græske og romerske Navne Kosmos og Mundus, en Benævnelse paa Verdensaanden.

I **Groagalderet** udruster det døende Hedenskab, Groa, sin eneste Søn, den forventede Frelser, Svipdag, med guddommelige Egenskaber, for at han kan udføre sit Hverv, at udfrie Menglad.

I **Fjølsvidssangen** sidder Menglad, som Prindsessen i Eventyret, fangen paa sin Borg, omgiven af Tryllehindringer, og venter paa sin Befrier. Odin, under Navnet Fjølsvid, er Borgens Vogter. Befrieren, Svipdag, kommer og, trolover sig sin forudbestemte Brud. Det sees forøvrigt af Groagalderets Str. 13, at Christendommen paa Digtets Tid har været bekjendt i Norden, men ikke erkjendt; thi en christendød Kvinde antages at blive til et natligt Spøgelse, der kan volde Ulykker.

---

17. Solsangen er et christeligt Digt af en Forfatter, som har været fortrolig med det Nordiske Hedenskab. Den tjener til at vise, hvor uforenelig Christendommen i den Skikkelse, i hvilken den først kom til Norden, var med Runlæren, og altsaa til at modbevise den Paastand, som Flere gjøre, at Runlæren i sig skulde have optagen Lærdomme, laante fra Christendommen, og saaledes ikke være original, hvad den formeentlig just i høj Grad er.

ANDEN AFDELING

Heltesange

18. Vølundskvadet

Nidud hed en Konge i Sverrig, der havde to Sønner og en Datter, Bødvild. Der vare tre Brødre, Sønner af Finnekongen, den ene hed Slagfinn, den anden Egil, den tredje Vølund; de løb paa Skier og jagede Dyr. De kom til Ulvedal og byggede sig der et Huus ved et Vand, som hedder Ulvsø. Tidlig en Morgen fandt de paa Strandbredden tre Kvinder, som spandt Hør, og hos dem laae deres Svanehamme; thi de vare Valkyrier. De to vare Kong Lødvers Døttre Ladgunne Svanhvide og Hervor Alvid, den tredje var Ølrune, Kong Kjars Datter fra Valland. Disse toge de med sig hjem til deres Skaale. Egil fik Ølrune, Slagfinn Svanhvide og Vølund Alvid.

Syv Vintre boede de sammen, saa fløj de bort at søge Strid, og vendte ikke tilbage. Da foer Egil bort paa Skier for at opsøge Ølrune, og Slagfinn søgte efter Svanhvide, men Vølund blev siddende i Ulvedal. Han var den behændigste Mand, som man veed af at sige i gamle Sagn. Ham lod Kong Nidud gribe, som nedenfor er omkvædet.

1. Over Mørkved hen,
I Flugt sig svunge
Møer fra Syden,
Alvid den Unge,
Skjæbnens Bud
At føre ud.

Til Hvile de nette
Sydens Kvinder —
Herligt Lin
Hver af dem spinder
Paa Søens Bred
Sig sloge ned.

2. Egils skjønne
Arme omvinde
Den Ene, den fagreste
Jordiske Kvinde;
Saa er der Svanhvide
Med Svanvingeside;
Men den Tredje,
Deres Søster,
Vølunds hvide
Hals omkryster.

3. Syv Vintre siden
Der de sade,
Den ottende vare de
Aldrig glade,
Den niende tvang dem
At drage bort;
Til Mørkved higede
Møerne fort,
Alvid den Unge,
For at fremme
Skjæbnen den tunge.

4. Fra Jagt fodrappe
Skytte kom,
Slagfinn og Egil
Fandt Salen tom,
Ind de gik
Og ud de gik,
Rundtom søgte
Deres Blik;
Efter Ølrune
Egil da
Mod Østen drog,
Efter Svanhvide
Slagfinn Vej
Mod Sønden tog.

5. I Ulvdal Vølund
Sad alene,
Slog røden Guld
Om ædle Stene,
Paa Lindebast
Han gjorde alle
De Ringe fast;
Saa ventede han
Sin skjønne Kvinde,
Om Vej til ham
Hun vilde finde.

6. Njardrotten Nidud
Bud man bar,
At Vølund ene
I Ulvdal var;
Om Nat, i naglet
Brynje, foer
Et Rytterkor,
Ved Maanens svage
Skin Man skimted,
At Skjolde glimted.

7. Af Sadlen de stege
Ved Gavlen ned,
Gjennemgik Huset
Paa hver en Led,
Ringene bundne
Paa Bast de fandt,
Syv hundred ialt
Den Herre bandt.

8. Af de løste
Og paa de droge,
Undtagen een,
Som bort de toge;
Fra Jagt fodrappe

160

Skytte kom,
Vidt havde Vølund
Flakket om.

9. Med Hast, for Bjørnens
Kjød at stege,
Kvas han tændte,
Knastør Fyr,
Vindtørret Ved
For Vølund brændte.

10. Paa Bjørneskind sad
Den Alfemand
Og talte Ringe,
Een savnede han;
Den, tænkte han, havde
Lødvers Datter
Tagen i Gjem,
Alvid den Unge,
Nu vistnok atter
Var kommen hjem.

11. Han sad og slumred
Hen i Døs,
Men op han vaagned
Viljeløs,
Med haarde Baand
Om sine Hænder,
Med Fødderne
I Fjæderspænder.

12. "Hvilke Høvdinge
Lagde Bast
Paa Rigmanden her
Og bandt mig fast?"

13. Njardrotten Nidud
Raabte nu:
"Hvorledes, Vølund,
Kunde Du
Alfhersker al
Vor Rigdom faae
I Ulvedal?"

14. "Det Guld kom ej
Paa Granes Vej,
Jeg skulde troe,
At fjernt fra Rhinens
Fjæld vi boe;
Det er i Minde,
Vi ejed større
Kostbarhed,
Da med sin Kvinde
Hver samlet var
I Hjemmets Fred:"

15. "Lødvers Døttre
Hervor, Ladgunne,
Kjendt var en Datter
Af Kjar, Ølrune;
I hver en Vraa
Hun havde hjemme,
Tidt lød paa Gulvet
Hendes Stemme:
Han, som fra Skoven
Kom herhen,
Er ej min Ven."

Kong Nidud gav sin Datter Bødvild den Ring, som han tog af Bastsnoren hos Vølund; men selv bar han det Sværd, som Vølund havde ejet. Da kvad hans Dronning:

16. Ved Synet af Sværdet
Han viser Tænder,
Og naar Bødvildes
Ring han kjender,
Hans Øje truer,
Som skjød en tirret
Slange Luer.
Hans stærke Sener
I sønderskjære,
Og lad ham siden
Paa Søstad være!

Og saa gjorde man. Hans Sener bleve overskaarne i Knæledet, og han sattes ud paa en Holm, som laae der ved Landet og hed Søstad. Der smedede han Kongen alskens Kostbarheder, men ingen maatte besøge ham uden Kongen alene.

Vølund kvad:
17. "I Niduds Belte
Skinner Sværdet,
Som jeg paa bedste
Viis har hærdet,
Gjort hvast, saavidt
Det Kunst kan bringe;
Fjernt baaren er
Min skarpe Klinge,
Vølund ej meer
I Smedjen den seer."

18. "Bødvilde bær,
Hvad kan mig bøde
For Sligt, min Hustrus
Ringe røde."
Han sad og vaaged,
Slog med Hammer,
Og smedded List
Som Nidud rammer.

19. Niduds unge
Sønner tvende
Paa Søstad ud
Til Døren rende;
De kom til Kisten,
Nøglen kræved,
Og saae derned,
Mens Ondsind skjæved.

20. Den Knøsene syntes
Af Smykker fuld,
Klenodier af
Det røde Guld:
"I komme en anden
Dag alene,
Med Guldets Gaver
Jeg skal Jer tjene."

21. "Ej Mø, ej Huskarl
I røbe maa,
Ej Menneskesjæl,
At mig I saae."
Snart Broders Ord
Til Broder klinge:
"Kom, lad os gaae,
At see de Ringe!"

22. De kom til Kisten,
Nøglen kræved,

Og saae derned
Mens Ondsind skjæved;
Han hugged Knøsene
Hovedet af,
Fængslets Dynd
Blev Benenes Grav.

23. Han Skaalerne,
Der under Haaret var,
Beslog for Nidud
Som Sølverkar,
I Smykker han lukkede
Øjnene inde,
Dem sendte han Niduds
Kloge Kvinde.

24. Af Begges Tænder
Han monne lave
Brystperler, de bleve
Bødvilds Gave.
Bødvild sin Ring
Nu sagde at være
En kostelig Ting;
Hun havde den brudt,
Til Vølund kom:
"Dig ene jeg Noget
Tør sige derom."

Vølund kvad:
25. "Den Brist i Guldet
Jeg bøder saa,
At Du for Fader
Vil skjønnere staae,
Og vinde hos Moder
Større Priis,
I egne Øjne
Ligerviis."

26. For listig han var,
Med Drik hendes Sind
Han sløved, hun slumred
I Sædet ind. —
"Nu Hævnen al min
Harm gav Lise,
Undtagen Længselen
Efter min Dise."

27. "Jeg ønsker," kvad Vølund,
"At komme paa Fode,
Sligt Niduds Mænd
Mig miste lode."
I Luften Vølund
Leende steg,
Fra Øen Bødvild
Sig grædende sneg,
Sin Bolers Færd,
Sin Faders Harme
Begræd den Arme.

28. Ude stod Niduds
Kloge Kvinde,
Saa pusled hun om
I Salen derinde.
[Han fløj til Hvile
Paa Hegnet hen]:
"Njaradrot Nidud!
Vaager Du end?"

29. Stedse jeg vaager,
Ej Søvn jeg nød,
Siden jeg mindes
De Sønners Død,
Mit Hoved er koldt,
Dit Raad var ilde,

Med Vølund nu
Jeg tale vilde.

30. Alfkonge Vølund!
Du lade mig vide,
Hvad maatte vel mine
Sønner lide?

31. "Hver Ed Du sværge
Mig da paa Stand
Ved Skibets Bord,
Ved Skjoldets Rand,
Ved Hestens Bov,
Ved Sværdets Egge,
At ej Du vil
I Pine lægge
Vølunds Viv,
Ej lade min Hustru
Miste sit Liv,
Om end Du skulde
Kjende min Kvinde,
Om end mit Afkom
I Hallen er inde."

32. "Gaae da til Smedjen,
Som bygge Du lod,
Der finder Du Bælgene
Stænkte med Blod,
Jeg skar dine Drenge
Hovedet af,
Fængslets Dynd
Blev Benenes Grav."

33. "De Skaaler, som
Under Haaret var,
Beslog jeg for Dig
Som Sølverkar,
I Smykker jeg lukkede
Øjnene inde,
Dem sendte jeg Niduds
Kloge Kvinde."

34. "Af Begges Tænder
Jeg monne lave
Bryst perler, de bleve
Bødvilds Gave;
Eders eneste
Datter kjær,
Bødvild, med Barn
Nu svanger er."

35. "Ej haardere Ting
Du kunde mig melde,
Ej Noget, som værre
Jeg vilde Dig gjælde.
Ej findes der, Vølund!
Saa lang en Mand,
At han af Hesten
Dig rive kan,
Og ingen Mands Kraft
Med Piil Dig rækker
Der, hvor Du oppe
Ved Skyen Dig strækker."

36. I Luft sig Vølund
Hæved glad,
Med Sorgen Nidud
Efter sad.

37. "Op, Takraad! min bedste
Træl Du stige,
Du bede Bødvild,
Den brynhvide Pige,
Fagert at klædes,
For Fader at stedes."

38. "Mon Sandt man, Bødvild!
Sagt mig har,
At sammen med Vølund
Paa Holm Du var?"

39. "Sandt er det, Nidud!
Hvad sagt man har,
Paa Holm jeg sammen
Med Vølund var;
Gid aldrig en Stund
Var kommen saa ond!
At modstaae ham
Jeg ikke forstod,
Ej mægted jeg hannem
At stride imod."

19. Helge Hjørvardssøn eller Hadingshelten

Hjørvard hed en Konge, som havde fire Koner; den første hed Alfhild, deres Søn var Hedin; den anden Særeid, deres Søn Humlung; den tredje Sinriod, deres Søn Hymling. Kong Hjørvard havde forbundet sig ved et Løfte til at ægte den Kvinde, som han ansaae for den væneste. Han spurgde, at Kong Svafner havde en Datter, fagrere end Alle, hun hed Sigrlin. Idmund hed hans Jarl, og dennes Søn Atle drog hen for at bejle til Sigrlin for Kongen; han blev en heel Vinter hos Kong Svafner. Franmar hed dennes Jarl, som var Sigrlins Fosterfader, hans Datter hed Aalof. Efter Jarlens Raad gaves der Afslag for Møen, og Atle drog hjem.

Atle Jarlesøn stod en Dag ved en Lund, og over hans Hoved sad i Grenene en Fugl, som havde hørt hans Mænd sige, at de væneste Koner vare Kong Hjørvards. Fuglen kviddrede og Atle lyttede til dens Røst.

Fuglen kvad:
1. Saae Du Sigrlin,
Svafners Pige,
Den fagreste Mø
I Elskovs Rige;
Skjøndt i Glasers
Lund man finder,
At Hjørvards Koner
Er' straalende Kvinder.

Atle.
2. Vil Mere Du, Fugl,

Med kløgtig Hu
Til Atle Idmundsøn
Sige nu?

Fuglen.
Ja nok, hvis Offer
Af Fyrsten jeg faaer
Og Valg af det Bedste
I Kongens Gaard.

Atle.
3. Ej vælge Du Hjørvard,
Ej heller hans Søn,
Ej heller en Konge-
datter skjøn,
Og ikke af Kongens
Koner een:
Vor Handel skal være
Som Venners reen.

Fuglen.
4. Tempel jeg vælger
Og Altre mange,
Guldhornede Køer
Fra Kongens Vange,
Naar Sigrlin hviler
I Kongens Arm,
Naar ham hun følger
Foruden Harm.

Dette skede, før Atle rejste; men da han kom hjem, og Kongen spurgde ham om Udfaldet, svarede han:

5. Megen Møje
For Intet at døje;
Paa Fjæld lod os
Vore Heste i Stik,
Siden vi gjennem
Mosekjær gik,
Og saa blev os negtet
Den, vi skulde bringe,
Svafners Datter,
Prydet med Ringe.

Kongen bød dem da at fare nok engang, og drog selv med. De kom op paa Fjældet og saae i Svaveland en stor Landild og Støv af Rytterskarer; da red Kongen frem i Landet, og tog Natteleje ved en Aa. Atle holdt Vagt, foer over Aaen, og fandt der et Huus; en stor Fugl sad paa Huset og vogtede det, men var indsovet. Atle skjød Fuglen ihjel med et Spyd; men i Huset fandt han Sigrlin Kongedatter og Aalof Jarledatter, og førte dem begge bort med sig. Det var Franmar Jarl, som havde hamskiftet i Ørneskikkelse, og forvaret dem mod Hæren ved Trolddom.

Hrodmar hed en Konge, som bejlede til Sigrlin; han havde dræbt Svavernes Konge, og havde ranet og brændt i Landet.

Kong Hjørvard fik Sigrlin, Atle Aalof. Hjørvard og Sigrlin havde en Søn, stor og smuk, Han var tavs, og intet Navn vilde fæste sig ved ham. Han sad paa en Høj og saae ni Valkyrier ride, een af dem var den anseligste, hun kvad:

6. Seent, Helge!
Du Kampens
Abild bolde,
Vil raade for Ringe
Og solklare Volde —
Saa Ørn goel aarle —
Hvis stedse Du tier,
Om end Du modig
Paa Faren bier.

Helge.
7. Du lysfagre Mø!
Hvad følger i Gavn,
Naar paa mig Du fæster
Helges Navn?
Du vide nu vel
Dit Ord at veje,
Jeg tager kun Navnet
Med Dig til Eje!

Valkyrien.
8. Paa Sigars Holm
Der ligge Sværd,
Femgang ti
Paa fire nær,
Af dem er eet
Det allerbedste,
En Skjoldfordærver
Med Guld paa Fæste.

9. Ring i Hjalte,
Mod i Klinge,
Gru i Od
Skal det Ejeren bringe,
Langs Eggen blodig
Orm sig slynger,
Om Klingens Baand
Den Halen klynger.

Eylime hed en Konge, hans Datter var Svava, hun var Valkyrie og red Luft og Hav. Hun gav Helge dette Navn, og beskjærmede ham siden ofte i Striden.

Helge kvad:
10. Kong Hjørvard i Spidsen
For Hæren er vældig,
Men ej Du i Raadet
Er lige heldig;
Ild lod Du Kongernes
Bøjgder fortære,
Ikke dog havde de
Krænket din Ære.

11. For Ringene, vore
Fædre bare,
Hrodmar skal raade;
Den Høvding paa Fare
For Livet kun lægger
Liden Vægt,
Ret som han arved
En uddød Slægt.

Hjørvard svarede, at han skulde skaffe Helge en Hær, hvis han vilde hævne sin Morfaders Død. Da søgte Helge det Sværd, som Svava paaviste ham; derpaa droge han og Atle hen og fældede Hrodmar, samt udførte mange Heltebedrifter. Han dræbte Jætten Hate, da denne sad paa et Bjerg. Helge og Atle laae med deres Skibe i Hatefjorden. Atle holdt Vagt den første Deel af Natten. Hates Datter

Hrimgerde kvad:
12. Hvo ere de Hølder
I Hatefjord?
Med Skjoldene have I
Tjældet ombord;
Dristig og frygtløs
Er Eders Færd,
Nævn mig, hvad hedder
Kongen her!

Atle.
13. Helge han hedder,
Men ingensinde
Kongen Du mægter
At overvinde;
Jernborge Ædlingens
Flaade værne,
Os ej øder
En Troldeterne.

Hrimgerde.
14. Hvad hedder Du selv,
Du mægtige Svend!
Hvad monne vel være
Dit Navn blandt Mænd?
Kongen til Dig
Sin Lid vist slaaer,
Da Du i skjønnen
Skibsstavn staaer.

Atle.
15. Atle jeg hedder,
Skal volde Dig Smerte,
Thi Trolde jeg hader
Af ganske Hjærte;
Den vaade Stavn
Jeg vogtede tidt,
Og kued i Kvæld
Et Hexeridt.

16. Hvad kalder man Dig
Liggraadige Kvinde?
Din Fader nævn,
Du fule Jætinde!
Ni Raster nede
Du burde boe,
En Skov Dig op
Af Barmen groe!

Hrimgerde.
17. Mit Navn er Hrimgerde,
Hate hed
Min Fader, ej stærkere
Jætte jeg veed;
Mange Brude
Han bort lod rane
Fra Hjemmet, før Helge
Blev hans Bane.

Atle.
18. Du Trold mod Hærkongens
Skibe var oppe,
I Fjordmunding laae Du
For Flaaden at stoppe,
Og Kongens Kjæmper
Til Ran neddrage,
Om ej Dig paa tværs
Var kommen en Stage.

Hrimgerde.
19. Nu primer Du, Atle!
I Drømme du tænker,
For Øjelaaget
Dit Bryn sig sænker;
Min Moder for Kongens
Skibe laae,
Jeg Lødvers Børn
Lod paa Havet forgaae.

20. Du vrinsked, om ikke
Du gildet var,
Sin Hale Hrimgerde
Nu løftet har;
Dig Hjærtet kryber
Vist ned med Fart,
Om end du raaber
Nok saa klart.

Atle.
21. Hvis nu fra Søen
Jeg steg iland,
Du fandt nok i mig
For stærk en Mand;
Lemlæstet Du blev,
Naar for Alvor jeg stred,
Da maatte Du stikke
Din Hale ned.

Hrimgerde.
22. Gaa kun, naar Du Atle
Saa stærk Dig troer,
Iland, og mød mig
I Varins Fjord;
Af Kløerne mine
Ej, Kæmpe! Du glipper,
Før ragt jeg retter
Dig dine Ribber.

Atle.
23. Jeg fjerner mig ej,
Før Mændenes Skare
Vaagner, og tager
Paa Kongen vare;
Thi lettelig kunde
Sligt jo skee,
At Ledt sig under
Vort Skib lod see.

Hrimgerde.
24. Helge, vaagn op!
Hrimgerde Du give
Bod for, at Hate
Du tog af Live;
Hun sove en Nat
I Kongens Arm,
Da haver hun bødet
Al sin Harm.

Helge.
25. Den Lodne dig tage,
For Mænd er Du led!
Paa Thollø er der
En Thurse, jeg veed,
En Hulebogast,
En hundviis Jætte,

Til Mage Du træffer
I ham den Rette.

Hrimgerde.
26. Hende Du, Helge!
Nok heller fik fat,
Som med dine Mænd
I forrige Nat
Spejdede Havnen!
Den guldprude Mø
Stærk mig syntes,
Her steg hun fra Sø
Iland, og fæstede
Eders Flaade;
Hun volder, at ej
Eders Liv jeg kan raade.

Helge.
27. Hør, Hrimgerde!
Om nu jeg Dig
Bøded din Harm,
Grant Kongen siig:
Var ene det Væsen,
Som Skibene skjærmed,
Eller mon Flere
I Flok sig nærmed?

Hrimgerde.
28. Trende Hold Møer
Jeg saae fremride,
Forrest dog Een,
Den behjælmede Hvide.
Sig Gangerne skuttred,
Af Mankerne stod
Dug i Daldyb,
En Hagelflod
I høje Skove;

Et frugtbart Aar
Kan jeg Mennesker love.
Men Intet mig hued
Af Alt, hvad jeg skued.

Atle.
29, Ret, Hrimgerde!
Mod Øst dit Øje,
Dødsord Du maatte
Af Helge døje!
Nu er bjærget
Paa Land og Vand
Kongens Flaade
Med Allemand.

30. Dagen, Hrimgerde!
Nu frembrød,
Atle Dig sinked
Til din Død;
Havnemærke
Du løjerligt danner,
Sprungen i Flint,
Som der Du stander.

Kong Helge var en stormægtig Kriger, han kom til Kong Eylime og bad om hans Datter Svava. Helge og Svava bleve trolovede og elskede hinanden vidunderligt. Svava var hjemme hos sin Fader, og Helge paa Krigstog; men Svava forblev en Valkyrie som forhen.

Hedin var hjemme hos sin Fader Hjørvard, Konge i Norge. Hedin drog alene hjem fra Skoven Juleaften, og traf en Troldkvinde, der red paa en Ulv og brugte Slanger til Tømme; hun tilbød Hedin sit Følgeskab. "Nej", sagde han. "Det skal Du undgjælde ved Bragebægeret," sagde hun.

Om Aftenen var der Løftesaflæggelse, Songalten blev fremledet, paa den lagde Mændene deres Hænder, og aflagde der Løfter ved Bragebægeret. Hedin forbandt sig ved Løfte til Svava, Eylimes Datter, hans Broder Helges Kjæreste, men fortrød det saa stærkt, at han ad Vildstier gik bort Syd paa Landet, og traf der sin Broder Helge.

Helge kvad:
31. Velkommen, Hedin!
Hvad har Du at sige
Af Nyhedssagn
Fra Norges Rige?
Hvi er Du Høvding
Af Landet jagen,
Og ene til os
I Besøg nu tagen?

Hedin.
32. Langt større Brøde
Mig haver slagen;
Ved Bragebæger
Jeg kaared mig ud
Din egen Kongebaarne Brud.

Helge.
33. Dig selv ej, Hedin!
Du saa beskylde,
Vor Bægertale
Sig kan opfylde!
Mig haver en Fyrste
En Kampplads sat,
Jeg der skal møde
Paa tredje Nat:
Jeg kommer vist næppe
Fra dette Stevne,
Hvis saa — da kan det jo
Godt sig jævne.

Hedin.
34. Helge! Du Hedin
Værdig troede
At skjænkes Gods
Og Gaver gode;
Dig sømmer det bedre
At rødne din Klinge,
End dine Fjender
Fred at bringe.

Dette sagde Helge, fordi han anede sin Dødsstund, og at hans Fylgier havde besøgt Hedin, da han saae Konen ride paa Ulven. Alf hed en Konge, Hrodmars Søn, som havde haslet Helge Valplads ved Sigarsvold med tre Nætters Frist.

Helge.
35. I Skumring han saae
Paa Ulv at ride

En Kvinde, som vilde
Ham følge ved Side;
At Sigrlins Søn
Sit Liv skal miste
Paa Sigarsvold,
Hun sikkert vidste.

Der blev en stor Strid, og Helge fik da sit Banesaar.

36. Sigar til Hest
Helge sendte,
Eylimes eneste
Datter at hente,
Bad hende brat
Sig did begive,
Hvis Kongen hun end
Vil træffe ilive.

Sigar.
37. Mig haver Helge
Skikket ud,
Svava! at bringe
Dig selv et Bud;
Kongen ønsker,
Du hos ham staaer,
Førend Livet
Den Ædling forgaaer.

Svava.
38. Hvad er der Helge
Hjørvardssøn hændt?
Mig er en tung
Bedrøvelse sendt.
Mon Søen ham sveg?
Eller bed ham et Sværd?
Den Mand skal jeg volde
En stor Ufærd.

Sigar.
39. Falden imorges
Ved Ulvefjæld laae
Den bedste Konge,
Solen saae;
For hele Sejren
Alf monne raade,
Skjøndt dennesinde
Til megen Vaade.

Helge.
40. Hil Dig, Svava!
Du skifte Hu,
Thi sidst vi mødes
I Verden nu!
De sige, at Kongen
Mister sit Blod,
Mit Hjærte for nær
En Klinge stod.

41. Jeg beder Dig, Svava! —
Græd ikke, min Pige —
Ifald Du lytter
Til hvad jeg vil sige,
At Hedin et Leje
Du skal berede,
Den unge Fyrste
Med Elskov lede.

Svava.
42. Det sagde jeg ved
Min Elskovspagt,
Da Helge mig havde

173

Ringe bragt:
Aldrig, naar Kongen
Kommer af Dage,
En Fremmed i Favn
Jeg frit vil tage.

Hedin.
43.Kys mig, Svava!
Ej Solens Luer

Paa Fjæld i mit stridbare
Hjem jeg skuer,
Før Hjørvards Søn
Jeg hævnet har,
Under Solen ej bedre
Konge var. —

Helge og Svava siges at være atterbaarne.

20. Helge Hundingsbane – første Kvad

1. Fjærn var den Old,
Da Ørneskrig lød,
Fra Himmelfjæld hellige
Vande flød:
I Braalund havde
Borghild nu
Baaret Helge
Den høje i Hu.

2. Nat var i Borgen,
Nornerne kom
Og fældte Ædlingens
Skjæbnedom:
Blandt Fyrster han nyde
Den største Ære,
Blandt Konger han stedse
Den bedste være.

3. Med Kraft de snoede
Skjæbnens Snor,
Om Braalunds Borg
Et Gny der foer,

De gyldne Traade
Ud de spandt
Og midt i Maanens
Sal dem bandt.

4. I Øst og Vest
De Ender bandt,
Dermellem Kongen
Landet vandt,
Neres Søster
Slog et Kast
Mod Nord, det bød hun
Holde fast.

5. Hver Sorg, der Ylfing
Maatte bære,
Deelte Kvinden,
Som fødte den Kjære.
Sulten Ravn
I Trætop sad:
"Nu veed jeg Nyt!"
Til Ravn den kvad.

6. "Døgngammel Sigmunds
Ætling staaer
I Brynje, op
Vor Dag nu gaaer,
Hans hvasse Blik
En Kriger tyder,
En Ulveven,
Nu Ravn sig fryder."

7. Folket han syntes
En Døgling være,
God Tid, man sagde,
Er nu paafærde.
Fra Strid drog selve
Kongen just,
Han bragte sin Spæde
En Urtekost.

8. Han gav ham Navnet
Helge at holde,
Samt Ringstade
Og Sigarsvolde,
Solbjerg, Snebjerg,
Ringstød, Højtun
Og Himmelvange;
Sinfjøtles Broder
Han gav en prægtig
Vundeslange.

9. Nu voxede op
Ved Vennens Bryst
Den ædle Alm
I straalende Lyst;
Han gav og gjældte
Guld for Værd,
Ej skaaned den Herre
Sit blodige Sværd.

10. Snarligt Kampen
Sin Fører kaldte,
Femten Vintre
Fylkeren talte,
Da haarden Hunding
Han falde lod,
Der længe for Land
Og Rige stod.

11. Hundings Sønner
Siden i Bod
For Gods og Ringe
Ham kræve lod;
Thi Kongen de havde
Et Ejendomstab
Stort at gjælde
Og Faders Drab.

12. Ej Skadegjæld
Dem Kongen bød,
Ej Mandebod
De Sønner nød;
Et Stormvejr holdt
Han dem tilrede
Af jerngraa Spyd
Og Odins Vrede.

13. Til Sværdestevne
Krigerne gaae,
Ved Luebjerg
Skal Kampen staae,
Frodefreden
Er brudt blandt Fjender,
Liglysten Ulv
Om Holmen render.

14. Til Ørnens Steen
Sig Kongen helded,
Da havde han Hundings
Sønner fældet,
Alf og Ejulf
Til Døde stedt,
Hjørvard, Havard,
Al Kjæmpens Æt.

15. Fra Luebjerg
En Lysning brød,
Af Lysningen
Der Lyn udskjød;
Paa Himmelvang
En hjelmet Skare
Med blodig Brynje
Saaes at fare,
Men af Spydene
Straaler stode.

16. Fra Valen Kongen
Strax paa Stand
De Sydlands Diser
Raabte an,
Om de med Krigerne
Ville drage
Hjem i Nat? —
Landserne brage.

17. Men Høgnes Datter
Skjoldenes Glam
Fra Hesten stiller,
Og svarer ham:
"Andet vi have
At varetage,
End Drik hos gavmild
Drot at smage."

18. "Helge! min Fader
Har lovet sin Pige
Til Granmars Søn,
Den Skrækkelige;
Men jeg gav stolten
Kong Hodbrod Svar,
Som om han Søn
Af en Rakker var."

19. "Fylkeren er her
Om nogle Nætter,
Hvis Vaabenstævne
Du ej ham sætter
Eller vil Møen
Fra Kongen rane."

Helge.
20. "Frygt kun ej
For Isungs Bane,
Vist jeg mine
Fjender fælder,
Før mig Døden
Overvælder."

21. Fra Stedet Herskeren
Bud udsendte
I Luft over Hav
For Hjælp at hente,
For overflødigt
Guld i Løn
At byde hver Kriger
Og Krigers Søn.

22. "Beder dem rask
Til Skibs at gaae,
Rustningen skal
Ved Brandø staae."

Der Fyrsten venter,
Did Mændene fare
Fra Hedinsø
I talrig Skare.

23. Der fra Strande
Ved Stevnnæs skred
En Krigerflaade
Med Guld bered;
Men Helge da
Til Hjørleif meldte:
"Haver Du mønstret
De stolte Helte?"

24. Lod da Kongesøn
Anden høre:
"Seent er at tælle
Fra Traneøre
Langsnablede Skibe
Med Ledingstrop,
Som nu fra Ørvesund
Sejle op."

25. Hundreder tolv
Af sikkre Mænd,
I Højtun Hælvten
Mere end
Af Kongens Hær,
Vante vi ere
Til Krigens Færd.

26. Stavntjældene bort!
Føreren bød,
Da vaagnede al
Det Mandetal,
For Heltenes Øjne
Dag frembrød,

Paa Varinsfjord
Til Skibets Mast
De Ædlinge gjorde
Sejlet fast.

27. Aarerne knaged,
Jernene klang,
Vikinger roede,
Skjoldene sang,
Kongens Flaade
Fra Landet snart
Under Ædlinge
Skjød sin Fart.

28. Det gav Brøl,
Da langen Kjøl
Og Øgers Datter
Hinanden mødte,
Som Brænding imod
En Klippe stødte.

29. Helge lod hisse
Sejl i Top,
Bølge fulgte paa
Bølge i Trop;
Øgers vilde
Datter raste,
Styrlinegangeren
Vilde hun kaste.

30. Men over dem Sigrun,
Den tappre Mø,
Bjergede Mandskab
Og Skibe af Sø;
Ved Gnipalund Kongens
Havhjord til Land
Blev vristet med Kraft
Af Haanden paa Ran.

31. I yndig Bugt
De Aftenen nød,
Smukt rustede Skibe
Ved Kysten fløer;
Men Landets Herrer
Fra Svarinehøje
Harmfulde holdt
Med Hæren Øje.

32. Gudbaarne Gudmund
Spurgte der:
"Hvo monne raade
For denne Flaade,
Og føre iland
Den stærke Hær?"

33. Sinfjøtle svared
[Op fløj i Raa
Det røde Skjold
Med Guldrand paa;
Den Sundvogter var
Saa rap i Munde,
Med Ædlinge Ord
Han skifte kunde]:

34. "Naar i Aften
Du Svinene mætter
Og Velling for Eders
Tæver sætter,
Saa siig: Fra Østen
Ylfinger her
Til Gnipalund kom
I Kampbegjær."

35. "Der kan Hodbrod
Helge finde,
En Fyrste, som ej

Har Flugt isinde,
I Flaadens Midte
Han holder Stand,
Ofte Ørnene
Mættede han,
Mens Du ved Kværnen
Kyssed Ternen."

Gudmund.
36. "Fylker! Du gamle
Minder glemmer,
Naar her en Ædling
Med Løgn Du skjæmmer
Egne Brødres
Bane Du var,
Med Ulveretter
Dig lækkret har,
Saar Du sugede,
Kold om Mund,
Og krøb i Hulen
Som Allemands Hund.

Sinfjøtle.
37. "Paa Varinsø
En Vølve Du var,
Og Løgnepose
Som Ræven Du bar;
Den Eneste, Du vilde
Have til Mand,
Det var Sinfjøtle
I Brynjestand."

38. Et Trold af Valkyrie
Var Din Kvind!
Uregjerlig
Og ilter i Sind,
Saa alle Alfaders

Einherjer maatte
For Din Skyld slaaes,
Du Sledskepotte!
Ni Ulve ved Saganæs
Avlede vi,
Og jeg var Fader
Til alle ni.

Gudmund.
39. Ej var Du Fenris-
Ulves Fader,
Skjøndt selv en gammel
Ulv Du lader,
Siden paa Thorsnæs
Dig en Stund
Jættinder gilded
Ved Gnipalund.

40. Du hjemme laae
Som Siggeirs Stifsøn
I Bænkevraa;
I Skoven ude
Du lærte Dig til
Som Ulv at tude;
Du fik til Tak,
Da Spyd i Din Broders
Bryst Du stak,
Allandsens Ulykke,
Berømt Du blev
Ved et Skjelmsstykke.

Sinfjøtle.
41. Du var paa Braavalle
Granes Brud,
Guldbidslet og færdig
At fare ud,
Til ned ad Bakke

Jeg traved Dig træt,
Dit Drog! jeg sadled Dig
Før Du fik ædt.

Gudmund.
42. Som en uvorn
Dreng Du sprang,
Da Gulners Geder
Du malked engang;
En anden Gang var Du
I Jætteflok
En lurvet Tøs.
Har Du nu faaet nok?

Sinfjøtle.
43. Før ved Ulve-
steen jeg vilde
Lave Dig selv
Til Ravnegilde,
End for Eders Tæver
Mad anrette
Og mæske Sviin —
Men Pokker maa trættes!

Helge.
44. Sinfjøtle! det var Eder
Større Hæder
At yppe Kampen
Som Ørnen glæder,
End her med unyttige
Ord at trættes,
Skjøndt Heltes Vrede
Derved, lettes.

45. Ej Granmars Sønner
Mig hue saa lige,
Dog sømmer det Fyrster

Sandt at sige;
Ved gyldent Mærke
De Tegn os bringe,
At Mod de have
Til Sværd at svinge.

46. Nu satte Man Rap
Og Slank i Rend,
Ad duggede Dale
Til Solhjem hen
Ad mørke Høje
Paa Kraft de foer,
Krigshavet bølged,
I Mændenes Spor.

47. Kongen de mødte
Ved Borgeled,
Om fjendtlige Fyrster
De bragte Besked;
Ude stod Hodbrod
Med Hjælmen paa,
Der sine Slægtninges
Ridt han saae:
"Hvi ere Niflunger
Harmoptændte?"

48. "Hurtige Kjøle
Paa Strand her rendte
Rakke-Hjorte[1],
Med Ræer lange,
Glatte Aarer,
Skjolde mange,
Herlig Kongshær,
Ylfingers Lystfærd."

49. Femten Flokke
Alt ginge iland,
Paa Søen er end
Syvtusind Mand,
Her ved Gnipalund
Ligge i Havne
Blaasorte Snekker
Med gyldne Stavne,
Der ere mange
Store Ætter,
Sværdthinget Helge
Ej, længer opsætter.

Hodbrod.
50. "Til Høvdingstævne
Iilheste vi sende,
Til Sparinshede
Sporsnuser sig vende,
Til Mørkved Skummer
Og Krybbider rende;
Hjemme nu sidde
Ingen Mand
Af dem, som Sværdet
Svinge kan."

51. "Høgne og Sønner
Af Ring I samle,
Atle, Yngve
Og Alf den Gamle;
Gjerne disse
I Krigen drage,
Vel vi skulle
Mod Vølsunger tage."

---

[1] "Rakke-Hjorte", d. e. Skibe.

52. Eet Glimt ved Ulve-
steen det var,
Da dunkle Vaaben
Man sammenbar;
Helge var stedse,
Hvor Man stred,
Hundings Bane
I forreste Led.
Hidsig paa Strid
Han ej forstod
At flye den Fyrste
Med Kjærnemod.

53. Hjælmmøer fra Himlen
Paa Luftig Sti —
Kampgnyet voxed —
Stod Kongen bi;
Kvad da Sigrun:
— Fra Ravnens Lund
Hun daled i Flugt
Til Jordens Grund —

54. "Hil Dig, Konge,
Magten nyd!
Ætling af Yngve,
Lev i Fryd!
Flugtskyende Hersker
Du fælded paa Val,
Ham, som voldte,
At Kjæmpen døde.
Med Ære, Konge!
Du eje skal
Rigen Mø
Og Ringe røde."

55. "Hil Dig, Konge!
Du baade omfatter
Rings Stade
Og Hognes Datter,
Sejer og Lande:
Nu Fred skal stande."

———

21. Helge Hundingsbane – andet Kvad

Kong Sigmund, Vølsungs Søn, havde til Ægte Borghild af Braalund, de kaldte deres Søn Helge efter Helge Hjørvardsøn. Hagal opforstrede Helge. Hunding hed en mægtig Konge, efter hvem Hundland har faaet Navn; han var en stor Kriger, og havde mange Sønner, som vare paa Krigstog. Der herskede Ufred og Fjendskab imellem Kongerne Hunding og Sigmund, og de dræbte hinandens Frænder. Kong Sigmund og hans Ætmænd hedde Vølsinger og Ylfinger. Helge drog hen, og udspejdede lønlig Kong Hundings Huustrop; Kong Hundings Søn Heming var hjemme. Men da Helge drog bort, traf han en Hyrdedreng, og kvad:

1. "Siig Heming, at Helge
I Minde tog
Den Brynjemand,
Hvem Krigerne vog;
En Graaulv Eder
Hjemsøgt har,
Kong Hunding troede
Det Hamal var."

Hamal var Hagals Søn. Kong Hunding sendte Folk til Hagal for at lede efter Helge; men Helge kunde ikke slippe derfra ad anden Udvej, end at han tog en Trælkvindes Klæder paa og gav sig til at male Korn. De ledte og fandt ikke Helge. Da kvad Blind den Bølvise:

2. Hvast er Øjet
Raa Hagalsternen,
Bondens Æt
Ej stander ved Kværnen:

Stenene revned
Og Rammen sprang!
Skjæbnen er vorden
Helten trang,
Naar Kongens Søn
Nu her tilhuse
Stridigt Byg
Paa Steen maa knuse;
Bedre i slig en
Haand man gav
Hjaltegreb
End Møllestav.

Hagal svarede og kvad:

3. Intet Under,
At Møllen brumler,
Naar en Kongemø
Skaftet tumler;
Fordum hun op over
Skyerne stræbte,
Dristig som Vikingen
Mænd hun dræbte,
Til Trældomsbaand
Hende Helge lod bære;
Hun Søster til Sigar
Og Høgne mon være,
Deraf fik
Ylfingpigen
Sit fyrige Blik.

Helge undkom, og drog i Søkrig. Han fældede Kong Hunding, og blev siden kaldet Helge Hundingsbane. Han laae med sin Hær i Brunevaag, hvor de gjorde Strandhug og spiste raat. Høgne hed en Konge, hans Datter var Sigrun; hun blev en Valkyrie og red Luft og Sø; hun var den gjenfødte Svava. Sigrun red til Helges Skibe og kvad:

4. Hvo lagde de Skibe
Ved Brinken i Leje,
Hvor monne Krigerne
Hjemstavn eje?
Hvad vente I paa
I Brunevaag,
Hvorhen mon I agte
At stile jert Tog?

Helge.
5. Hamal ved Brink
Lagde Skibe i Leje,
Paa Læsø vi
Vor Hjemstavn eje;
Paa Bør vi vente
I Brunevaag,
Mod Østen vi agte
At stile vort Tog.

Sigrun.
6. Hvor har Du, Fyrste!
Krig optændt,
Og Valmøens Fugl
Sit Bytte sendt?
Hvi er af Blod
Din Brynje saa rød,
Hvi æde I væbnede
Raat jert Kjød?

Helge.
7. Nys maatte Ylfingers
Ætling stride
Vesten for Hav,
Om Dig lyster at vide:
I Brages Lund
Jeg fangede Bjørne,
Med Spyd jeg mættede
Unge Ørne;
Nu gjorde jeg Rede
For Tingen, Mø!
Thi æder jeg lidet
Stegt paa Sø.

Sigrun.
8. Du tillyser Drab!
Med Helge stred
Kong Hunding og
I Græsset bed;
I Frænder hevned,
Da Kampen stod,
Mod Sværdets Egge
Busede Blod.

Helge.
9. Jomfru snild!
Hvorledes veed
Du, hvem der hist
For Blodhævn stred?
Blandt Krigersønner
Ej Faa Uvenner
Og fjendske ere
Mod vore Frænder.

Sigrun.
10. Du Fylkingfører!
Fjærnt just ej
Fra Fyrsters Dødsfald
Gik min Vej;
Men Sigmundssønnen
Slug jeg priser,
Han melder Drab
I forblommede Viser.

11. Med Langskibe saae
Jeg forleden Dig gaae,
Mens Du i blodig
Stavn Dig stilled,
Og medens Bølgen
Vaadkold spilled;
Nu Kongen vil lege
Skjul for mig,
Men Høgnes Datter
Dog kjender Dig.

Granmar hed en mægtig Konge, der boede paa Svarinshøj; han havde mange Sønner, en hed Hodbrod, den anden Gudmund, den tredje Starkad. Hodbrod drog til Kongestævne, og fæstede sig der Sigrun Høgnedatter; men da hun spurgte dette, red hun med Valkyrier ad Luft og Hav at opsøge Helge. Helge var da ved Luebjerg og havde kjæmpet med Hundings Sønner; der fældede han Alf og Ejulf, Hjørvard og Hervard, og var han da heelt kampmødig og sad under Ørnesteen. Der traf Sigrun ham, faldt ham om Halsen, kyssede ham og sagde ham sit Ærinde, saaledes som det

er fortalt i det gamle Vølsunge-
kvad:

12. Til gladen Fyrste
Sigrun drog,
Helges Haand
Hun til sig tog,
Under Hjælm ham gav
Et Kys paa Kind.

13. Til Pigen da vendte sig
Kongens Sind;
Hun havde, sagde hun,
Elsket i Løn,
Før hun saae ham,
Sigmunds Søn.

14. "Til Hodbrod blev jeg
Fæstet ved Gilde,
Men anden Konge
Jeg have vilde;
For Frænders Vrede
Er jeg i Nød,
Min Faders Yndlings-
Plan jeg brød."

15. Ej skjulte sin Tanke
Den ædle Kvinde,
At Helges Elskov
Hun vilde vinde.

Helge.
16. Høgnes Vrede
Ej ændse Du,
Ej heller Frænders
Fjendske Hu!

Den unge Mø
Hos mig skal være,
Jeg holder mig fra
Din Slægt, min Kjære!

Helge samlede da en stor Krigs-
flaade og drog til Ulvesteen; men
paa Havet fik de et farligt Uvejr. Da
kom der Lyn over dem, og Straaler
udgik fra Skibene. De saae ni Val-
kyrier ride i Luften, og kjendte Si-
grun; da lagde Stormen sig, og de
kom i god Behold til Land.

Granmars Sønner sade paa et
Bjærg, da de sejlede mod Landet.
Gudmund sprang tilhest, og red
for at spejde ned til Klinten ved
Havnen; da strøg Vølsungerne
Sejlene. Gudmund kvad, som før
er skreven i Sangen om Helge:

Hvo styrer den Flaade
Som første Mand
Og fører saa talrig
Hær mod Land?

Og dette kvad Gudmund, Gran-
mars Søn:

17. Hvo er den Skjoldung,
Som Skibe ejer,
Hvis Krigsfane gylden

Fra Stavnen vajer?
Fra Færden et dejligt
Syn udgaaer,
En Vaabenrøde
Om Vikinger staaer.

Sinfjøtle Sigmundssøn svarede saaledes, som før er optegnet:

18. Hodbrod kan Helge
Her blive vaer,
Midt i Flaaden
Til Flugt ej snar;
Han har, hvad før
Var i Eders Magt,
Fiskenes Rige
Sig underlagt.

Gudmund.
19. Derfor skulle vi
Skifte vor Sag
Ved Ulvesteen
I Ro og Mag;
Tid er nu, Hodbrod!
Hævn at tage,
Længe vi maatte
Vanlod smage.

Sinfjøtle.
20. Før skal Du, Gudmund!
Vogte Geder,
Klattre i stejle
Klippereder,
Mens Hesselkjøllen
I Haand Dig staaer;

Sværdets Dom
Vorder strengere Kaar.

Helge.
21. Bedre det vilde
Sinfjøtle klæde
Kamp at yppe
Og Ørne glæde,
End Ord at vexle
Til ingen Nytte,
Skjøndt Krigere deres
Had udbytte.

22. Granmars Sønner
Jeg ikke berømmer,
Men Sandt at sige
En Konge sømmer,
Det gyldne Mærke
Hisset tyder,
At modigt man os
Kampen byder;
Som raske Kjæmper
Jeg Roes dem yder.

Gudmund red hjem med Krigsbudskabet. Da samlede Granmars Sønner en Hær. Mange Konger mødte, deriblandt Sigruns Fader Høgne og hans Sønner Brage og Dag. Der stod et stort Slag, i hvilket alle Granmars Sønner faldt med alle deres Høvdinger, undtagen Dag Høgnesøn, som fik Fred og svor Vølsungerne Ed.

Sigrun gik over Valen og fandt Hodbrod døende. Hun kvad:

23. Ej Kong Hodbrod
Skal have det Held
At favne Sigrun
Fra Sevafjæld;
Dit Liv er forbi,
Snart roder op
Gygernes Graahest[1]
Din døde Krop.

Da mødte hun Helge, og blev meget glad. Helge kvad:

24. Ej alt Du Vise
Kan vende til Baade,
For nogen Deel
Maa Nornerne raade;
Ved Ulvesteen
Faldt Høgne og Brage
Imorges, og jeg
Dem tog af Dage.

25. Ved Styrklev Konning
Starkad segned,
Ved Hlebjerg Rollaugs
Sønner blegned,
Forfærdeligst dog
Sig Gylfe tede,
Med afhugget Hoved
End Lemmerne strede.

26. Af dine Slægtninge
Fast enhver
Ligger nu Lig
Paa Jorden her;
Ej din var Skylden,
Det var din Skjæbne,
At skulle til Fejde
Stormænd væbne.

Da græd Sigrun. Han kvad:

27. Trøst Dig, Sigrun!
Os beskjæret
Til en Hilde
Har Du været;
Imod Skjæbnen
At bestaae
Ingen Konge
Kan formaae;
Gjerne, hvis
Til mig det stod,
Jeg de Faldne
Leve lod,
Kun de ikke
Negted mig,
At jeg maatte
Favne Dig.

Helge fik Sigrun, og de avlede Sønner, men han blev ikke gammel. Dag Høgnesøn blotede til Odin for Faderhævn, og Odin

---

[1] d. e. Ulven.

laante Dag sit Spyd. Dag traf sin Svoger Helge paa et Sted, som hed Fjæderlund. Han gjennemborede Helge med Spydet. Der faldt Helge, men Dag red til Sevafjæld og bragte Sigrun Budskab:

28. "Nødig, Søster!
Mit Ord Dig saarer,
Tvungen voldte jeg
Kvinden Taarer;
Ved Fjæderlund
Faldt i denne
Morgenstund
Den bedste Konge
I Verdens Riger,
Som knækkede Hals
Paa mangen Kriger."

Sigrun.
29. "Dig skulle alle
De Eder bide,
Paa hvilke Du Helge
Svor at lide,
Ved Lynets Flamme
Paa Skyens Grund,
Ved Klippen den klamme
Paa Havets Bund."

30. "Ej skride det Skib,
Hvor Du er ombord,
Om agterind
Vinden end foer!
Ej rende den Hest,
Som Dig skal bære,

Om end Du for Fjender
Paa Flugt monne være!"

31. "Ej bide det Sværd,
Som Du skal føre,
Med mindre det hviner
Dig selv om Øre!
Da først hævnet
Var Helges Død,
Naar Du som en Ulv
Gjennem Skovene brød,
Ej havde Gods
Og ej havde Glæde,
Ej mindste Mad
Uden Aadsler at æde."

Dag.
32. "Du raser, Søster!
Dig Vanvid betager,
Din egen Broder
Du ønsker Plager;
Kun Odin til Ulykken
Aarsag var,
Kampruner blandt Svogre
Han kastet har."

33. "Dig røden Guld
Din Broder yder,
Vendilsøe og
Vigdal byder;
Tag med dine Sønner
Det halve Land,
Ringprydede Kvinde!
I Bod for din Mand."

34. "Saa sæl jeg ej sidder
Aarle og silde
Ved Sevafjæld,
At leve jeg vilde,
Naar Kongen ej Glands
Over Følget spreder,
Naar ej han ""Kampvind""
I Guldbidslet leder
Og iler hid,
Hvor jeg Glæde bereder."

35. "Saa lod Helge
En Rædsel falde
Paa Fjenderne sine
Med Frænder alle,
Som Geder for Ulven
I Frygtsomhed
Forvildrede styrte
Fra Fjældet ned."

36. "Saa hæved sig Helge
I Helteflok,
Som velvoxen Ask
I Tjørneskok,
Eller som naar
Hjorten den unge
I Morgendug staaer
Og højt over alle
Dyrenes Rækker
De glimrende Horn
Mod Himmelen strækker."

Der blev opkastet en Høj over Helge, men da han kom til Valhal, tilbød Odin ham at raade over Alt tilligemed sig. Helge kvad da:

37. "Hunding! Du for
Hver en Mand
Fodbad gjøre
Skal istand,
Tænde Ilden
Op herinde,
Heste passe,
Hunde binde,
Og for Sviin
Hensætte Æde,
Før Du tør
Ved Søvn Dig glæde."

Sigruns Terne gik om Aftenen ved Helges Høj og saae, at Helge red til Højen med mange Mænd.

Ternen.
38. Mon Blændværk det er,
Hvad jeg seer fremskride,
Eller Ragnarøk,
Thi Dødninge ride?
Eller mon Helte
Med Hjemlov fore,
Siden saa stærkt
Eders Heste I spore.

Helge.
39. Ej Blændværks Skue
Dig her monne hænde,
Vort Syn bebuder
Ej Verdens Ende,
Ej Helte fik Lov
Til Hjemmet at gjæste,
Om end vi spore
Paa Kraft vore Heste,

Ternen gik hjem og sagde til Sigrun:

40. Sigrun! Du ile
Fra Sevafjæld,
Vil Folkets Fører
Du træffe i Kvæld;
Højen er aaben
Og Helge kom,
Vunderne bløde
Han bad mig om,
At ham Du vilde
Forblødningen stille.

Sigrun gik ind i Højen til Helge og kvad:

41. Nu er jeg saa glad
Ved Mødet her,
Som Odins Høge
I Rovbegjær,
Naar varme Brade
De færdige vide,
Eller i Dug
See Dag fremskride.

42. Mit Kys først livløs
Konge smager,
Før blodig Brynje
Af han drager;
Dig svulmer Svedens
Riim dit Haar,
Af Kongens Porer
Valdug staaer,

Og Høgnes Maag
Har Hænder klamme,
Hvor skal jeg Bod
For Saadant ramme?

Helge.
43. Det volder kun Sigrun
Fra Sevafjæld,
At Helge er slagen
Med Harmdugs Væld;
Du rene Sydmø
I gyldne Klæder
Paa Lejet grumme
Taarer græder,
Mit Bryst hver enkelt
Blodig rammer,
Iiskold, indtrængende,
Fuld af Jammer.

44. Vi vel skulle nyde
Den dyre Drik,
Skjøndt Elskov og Rige
Tabt os gik;
Og viser mit Bryst
End Vunder mange,
Skal Ingen dog synge
Sørgesange;
Selv Kvinder vi nu
I Højen have,
Kongemøer
Til Gjæst i Grave.

Sigrun redede en Seng i Højen:

45. "Jeg her Dig, Helge!
Et Leje har lagt,
Ej Ylfingen kaste
Paa det Foragt,
Thi der, i din Favn,
Jeg Søvn vil tage,
Som før i Kongens
Levende Dage."

Helge.
46. "Ved Sevafjæld
Jeg aldrig meer
Skal negte at
Utroligt skeer,
Naar Høgnes Datter,
Med hviden Barm,
Vil sove i Høj
Paa Dødningarm,
Skjøndt Kongens Viv
End har sit Liv."

47. "Tid er paa rødnede
Veje at ride,
Gangeren bleg
Gjennem Luften maa skride
For at jeg Vesten for
Vindbroen rækker,
Førend Salgofner
Sejrheltene vækker."

Helge og hans Mænd rede deres Vej, og Kvinderne droge hjem til Byen. Den anden Aften lod Sigrun Ternen holde Vagt ved Højen; men da Sigrun kom til Højen ved Dagslut, kvad hun:

48. "Vist Sigmunds Søn,
Hvis komme han vil,
Fra Odins Sal
Var naaet hertil;
Om Heltens Komme
Snart Haabet er omme,
Naar Ørn paa Askens
Green sig hviler,
Og hele Folket
Til Drømthing iler."

Ternen.
49. Vær ej saa taabelig
Skjoldungfrue!
Ene at vandre
Til Dødningstue,
Om Natten har
Alt Tøj, som kyser,
Mere Magt,
End naar Dagen lyser.

Sigruns Liv forkortedes af Sorg og Savn. Den Tro var i gamle Dage, at Mennesker kunde blive fødte paany; men det kaldes nu Kjællingesnak. Man sagde, at Helge og Sigrun vare fødte igjen; han hed da Helge Haddingsskade, saaledes som fortalt er i Kaarevisen; hun var ogsaa en Valkyrie.

22. Sinfjøtles Endeligt

Sigmund Vølsungesøn var Konge i Frakland, Sinfjøtle var hans ældste Søn, den anden Helge, den tredje Hamund. Borghild, Sigmunds Kone, havde en Broder, som hed Gunnar, men Sinfjøtle, hendes Stifsøn, og Gunnar bejlede begge til samme Kvinde, og derfor dræbte Sinfjøtle ham. Da han kom hjem, bød Borghild ham at drage bort, men Sigmund tilbød hende Pengebøder, og dem maatte hun modtage.

Men ved Arveøllet bar Borghild Drikken frem; hun tog et stort Horn, fuldt af Gift, og bragte Sinfjøtle det; men da han saae i Hornet, skjønnede han, at der var Gift i, og sagde til Sigmund: "den Drik er for stærk mættet." Sigmund tog Hornet og drak det ud. Man siger, at Sigmund var gjort haard, saa at Gift ikke kunde skade ham; hverken indvendig eller udvendig; men alle hans Sønner kunde taale Gift udvendig paa Huden.

Borghild bragte Sinfjøtle et andet Horn, og bød ham drikke, men Alt gik som før. End tredie Gang bragte hun ham Hornet med Skoser, hvis han ikke tømte det. Han sagde som før til Sigmund, men denne svarede: "lad Mundskjægget da sie, Søn!" — Sinfjøtle drak, og døde i det samme.

Sigmund bar ham et langt Stykke Vej i sine Arme, og kom til en lang smal Fjord, hvor der laae et lille Fartøj med een Mand paa, der tilbød Sigmund Overfart. Men da Sigmund lagde Liget ud paa Fartøjet, var Baaden fuldt lastet; Manden sagde, at Sigmund skulde gaae inden om Fjorden — stødte Fartøjet fra Land, og forsvandt strax.

Kong Sigmund opholdt sig længe i Danmark i Borghilds Rige, efterat han havde faaet hende. Siden drog han sønder paa til Frakland til det Rige, han ejede der. Da fik han Hjørdis, Kong Eylimes Datter, deres Søn var Sigurd. Kong Sigmund faldt i et Slag mod Hundings Sønner, og Hjørdis giftede sig med Alf, Kong Hjalpreks Søn; der voxede Sigurd op i sin Barndom.

Sigmund og alle hans Sønner overgik langt alle andre Mænd i Styrke, Væxt, Kjækhed og alskens Færdighed. Sigurd var af Alle den fortrinligste, og i gamle Sagn siger Man altid, at han overgik alle andre Mænd og var den berømteste af Hærkongerne.

23. Sigurd Fafnersbane – første Kvad eller **Gripers Spaadom**

Griper hed Kong Eylimes Søn, en Broder til Hjørdis; han raadede for Lande, og var en særdeles viis Mand og fremsynet. Sigurd red alene og kom til Gripers Hal; Sigurd var let at kjende! Udenfor Hallen kom han i Tale med En, som hed Geiter; Sigurd spurgte ham ud og sagde:

1. "Siig, hvo i disse
Borge boer,
Hvad nævne Thegner
Den Konge stor?"

Geiter.
"Griper Navnet
Paa Herskeren lyder,
Som her over Riget
Og Thegnerne byder."

2. "Er hjemme i Landet
Kongen den Brave,
Og mon han med mig
Vil en Samtale have?
Til Sammenkomst trænger
En fremmed Mand,
Med Griper jeg ønsker
At tale paa Stand."

Geiter.
3. "Den venlige Konge
Vil Geiter befale,
At nævne den Mand,
Som ham kræver i Tale.

Sigurd.
Jeg hedder Sigurd,
Sigmund min Fa'r,
Hjørdis den Moder,
Som Fyrsten bar."

4. At melde for Griper
Geiter gaaer:
"En fremmed Mand
Herude staaer,
At see til er han
Af fornem Stand,
Han spørger, om Dig
Han træffe kan.

5. Fra Salen Heltenes
Drot udtræder,
At vise den Fyrste
Velkomsthæder:
"Gak ind! Alt længe
Dig vented min Hal,
Ved Grane Dig Geiter
Skille skal."

6. Da sammen nu sade
De kloge Mænd,
Paa Meget de førte
Talen hen:
Morbroder! siig mig,
Om Sligt Du kjender,
Hvorledes mon Skjæbnen
For Sigurd sig vender?

Griper.
7. Under Sol Du vorder
Den største Mand,
Højest af Alle
I Kongestand,
Karrig paa Flugt,
Men ødsel med Guld,
Stolt at skue,
Af Snilord fuld.

Sigurd.
8. Siig, kan Du Gjæve,
Meer klog til at svare
End jeg kan spørge,
Mig vel aabenbare,
Hvad der vil vorde
Mit første Held,
Naar jeg din Bolig
Har sagt Farvel.

Griper.
9. Faderhævn
Du først skal tage,
Al Eylimes
Sorg forjage,
Kjækt Du Hunding-
Sønner haarde
Fælder, Sejren
Din skal vorde.

Sigurd.
10. Ædle! Du din
Ætling lære,
Mens vi her
I Hygge ere,
Om Du Sigurds
Stordaad øjner,
Som mod Himmel
Meest sig højner.

Griper.
11. Den glindsende Orm,
Som graadig har Leje
Paa Gnitahede,
Du ene skal veje;
Baade Fafners
Og Regins Bane

Vorder Du; rigtig
Kan Griper ane.

Sigurd.
12. Rigdommen øges,
Om jeg begaaer
Drab iblandt Folk,
Som for vist Du spaaer.
Følg nu din Tanke,
Lad videre see,
Hvad der mig end
I Liv skal skee!

Griper.
13. Finde skal Du
Fafners Leje,
Tage den skjønne
Skat til Eje;
Guld Du læsser
Paa Granes Sider,
Saa til Kong Gjuke
Den vældige rider.

Sigurd.
14. Videre skal Du
I hyggelig Tale,
Fremsynet Konge,
Billedet male!
Gjuke jeg gjæsted
Og drog derfra,
Hvad skal i Livet
Mig hændes da?

Griper.
15. Skjøn i Brynje
Sover paa Fjældet
Kongens Datter,
Naar Helge er fældet;
Du Fafners Bane
Der skal svinge
Og riste Brynjen
Med hvassen Klinge!

Sigurd.
16. Sprængt er Brynjen,
Søvnen svinder,
Mø sit Mæle
Atter vinder;
Hvad mon den Kyndige
Sigurd vil sige,
At hun med Lykke
Kan Helten berige.

Griper.
17. Hun vil, Du Mægtige!
Runer Dig lære,
Som i hvert Menneskes
Eje bør være,
Og som bør lyde
Paa Allemands Tunge:
Liv med Husvalelse.
Held dig, O Konge!

Sigurd.
18. Skeet er nu dette,
Mod Lærdom jeg tog;
Gjorde mig færdig
Og deden drog;
Følg nu din Tanke,
Lad videre see,
Hvad der mig end
I Liv skal skee!

Griper.
19. Komme Du skal
Til Heimers Bo,

Være hos Kongen
En Gjæst saa fro —
Sluppet nu er
Hvad før jeg saae,
Frist ej Griper
Til Meer at spaae!

Sigurd.
20. Slet nu, Konge!
Dit Ord mig huer,
Vistnok længere
Frem Du skuer;
Stor Ulykke
For Sigurd seer,
Derfor Du, Griper!
Ej siger Meer.

Griper.
21. Din Ungdomsalder
For mig laae,
Den lysest var
At skue paa;
Ej fremtidsklog
Og viis paa Raad
Med Rette jeg troes:
Nu slap min Traad.

Sigurd.
22. Paa Jorden kjender jeg
Ingen Mand,
Som bedre i Fremtid
Skue kan;
Intet fordølg,
Hvor stygt det end klinger,
Eller hvor stort et
Meen det end bringer!

Griper.
23. Nøje Dig, stolte
Ædling, mærk,
Ej skabtes dit Liv
Til Lastens Værk,
Thi aldrig, saalænge
Verden staaer,
Spydstormbyder!
Dit Navn forgaaer.

Sigurd.
24. Falde det vilde
For Sigurd tungt,
At skilles fra Kongen
Paa dette Punkt.
Ædle Morbroder!
Negt det ej —
Alt er jo Skjæbne —
Viis min Vej!

Griper.
25. Da Du mig nøder,
Fyrste! dertil,
Nøje Besked
Jeg sige vil;
Vistnok veed Du,
Jeg lyver ej her:
Til Døden en Dag
Bestemt Dig er.

Sigurd.
26. Nødig jeg vækker
Herskerens Vrede,
Vil kun om gode
Raad ham bede;
Vist vil jeg vide,
Hvor slet det end gaaer,

Hvad Sigurd synligen
Forestaaer.

Griper.
27. En Jomfru Du skal
Hos Heimer finde,
Brynhild nævnes
Den favre Kvinde,
Af Heimer den Ædle
Hun fostres nu,
Men Budles Datter
Er haard i Hu.

Sigurd.
28. Hvad rager det mig,
At denne Pige,
Fostret hos Heimer,
Er skjøn uden Lige?
Det maa Griper
Mig sige nøje,
Hele min Skjæbne
Du har jo for Øje.

Griper.
29. Heimers Fostre,
Den favre Kvinde,
Fast al din Gammen
Dig skal fravinde,
Ej Søvn Du sover,
Ej virker meer,
Ej Folk Du ændser,
Kun Møen Du seer.

Sigurd.
30. Hvori skal Sigurds
Trøst bestaae?
Siig det, Griper!
Hvis Du det saae;
Mon jeg Kongens
Datter skal have,
Kjøbe den Favre
Med Fæstensgave?

Griper.
31. Fuldt og fast
I sværge derpaa
Alle Eder,
Men holde kun faa;
Den første Nat,
Man hos Gjuke Dig fandt,
Dit Minde om Heimers
Fostre svandt.

Sigurd.
32. Hvad siger Du, Griper!
Forklar mig det ret,
Seer Du mit Sind
Saa troløst og slet,
At Løfter jeg skulde
Mod hende bryde,
Hvem Elskov jeg syntes
Af Hjærtet at yde?

Griper.
33. En Andens Svig
Dig, Fyrste! skal fælde,
Grimhilds Paafund
Du maa undgjælde;
Sin Datter Dig byder
Lyshaarede Kvinde,
Og Dig med Rænker
Hun skal omspinde.

Sigurd.
34. Skal jeg med Gunnars
I Forbund gaae,
Og skal jeg Gudrun
Tilægte faae,
Fuldgod Kone
Da Kongen fik,
Hvis Sorger mig ej
Til Hjærtet gik.

Griper.
35. Ganske Dig Grimhilds
List skal tvinge,
Hun beder Dig Brynhild
Til Gunnar at bringe,
Gothernes Drot;
Strax lover Du der
Kongens Moder
Den Bejlerfærd.

Sigurd.
36. Ulykkens Komme
For Øje jeg haver,
Sigurds Stilling
Gjørligen raver,
Naar for en Anden
Til Møen den hulde,
Hvem højt jeg elsker,
Bejle jeg skulde.

Griper.
37. Med Eder hverandre
I binde nu,
Gunnar og Høgne,
Den tredje Du,
Thi Gunnar med Dig,
Mens I ere paa Vej,

Skal Skikkelse bytte,
Jeg lyver ej.

Sigurd.
38. Hvortil dette?
Hvi skifte vi der
Aasyn og Lader
Paa denne Færd?
En anden Falskhed
Jeg deri seer
Med Ondt tilfølge;
Lad høre, hvad meer!

Griper.
39. Du Gunnars Aasyn
Og Lader skal have,
Men egen Tænke-
Og Tale-Gave;
Dig skal Du fæste
Med villig Attraa
Heimers Fostre,
Hun følge Dig maa.

Sigurd.
40. Værst mig tykkes,
Af saadan Grund
Sigurd vil holdes
Af Mænd for ond,
Nødig vilde jeg
Dog forvist,
Den ypperste Kongebrud
Fange med List.

Griper.
41. Du ædle Høvding
Hviler der
Hos Møen som hos

Din Moder kjær,
Og derfor skal
I hver en Old,
Dit Navn berømmes,
Du Fyrste bold.

42. Sigurds og Gunnars
Bryllupper sammen,
Drikkes i Gjukes
Sale med Gammen;
Hjemkomne vexle
I atter Hamme,
Men Sindet forblev
For hver det samme.

Sigurd.
43. Siig mig, Griper,
Kan Gunnar den Brave
En Kone god
I hende have,
Skjøndt Bruden den raske,
Hvad aldrig mon hænde,
Har sovet hos mig
I Nætter trende.

44. Kan slig Besvogring
I kommende Dage
Siig mig det Griper,
Vel Mænd behage?
Mon dette vel
I Tiden kunde
Mig selv og Gunnar
Glæde unde?

Griper.
45. Du mindes din Ed,
Men tie maa,

Gudrun det godt
Hos Dig skal faae;
Men Brynhild tykkes sig
Gift under Evne,
Og pønser paa Svig
For Sligt at hævne.

Sigurd.
46. Hvad vil Bruden
I Bod sig tage,
Fordi vi med List
Monne hende bedrage?
Eder jeg svoer hende!
Ingen jeg holdt,
Liden Glæde jeg
Viven har voldt.

Griper.
47. Reent ud Gunnar
Hun sige vil,
At Du med Eden
Har dreven Spil,
Da Gjukes stolte
Arving dog
Hele sin Lid
Til Kongen slog.

Sigurd.
48. Hvad hører jeg, Griper!
Du maa berette,
Om Sandt man siger
Om mig i dette;
Eller lyver paa mig
Op sig selv tillige
Den lovpriste Kone?
Du Sligt mig sige!

Griper.
49. Ret vel sig ej skikker
Den mægtige Frue
Mod Dig, naar Vrede
Og Savn hende kue;
Om Kongens Viv
Du end listig bedrog,
Af Dig den Gode
Ej Skade tog.

Sigurd.
50. Mon gjæven Gunnar
Sig lader af hende
Med Guttorm og Høgne
Til Daad optænde?
Mon Gjukes Sønner
Væde Sværd
Med Svogerens Blod?
Beret den Færd!

Griper.
51. Gudruns Hjærte
Skal Sorg betage,
Dig hendes Brødre
Bringe af Dage;
Af Intet siden
Hun Glæde beholder,
Den vise Viv —
Sligt Grimhild volder.

52. Deri Du, Helt,
Din Trøst skal have,
Dit Liv tildeles
Denne Gave,
At større Mand
Skal findes ej
Paa Jorden, under
Solens Vej.

Sigurd.
53. Hil os! Vi skilles,
Mand Skjæbnen ej bøjed.
Smukt i min Bøn
Du her mig føjed,
Gjerne Du, hvis
Til Dig det stod,
Blidere Kaar
Mig høre lod.

24. Sigurd Fafnersbane – andet Kvad

Sigurd gik til Hjalpreks Stod, og valgte sig der en Hest, som siden blev kaldet Grane. Da var Regin, Hreidmars Søn, kommen til Hjalprek; han var den kunstfærdigste Mand og en Dverg af Væxt. Han var viis, grusom og troldkyndig. Regin tog sig paa at opfostre og oplære Sigurd, og holdt meget af ham.

Han fortalte Sigurd om sine Forældre og den Begivenhed, at Odin, Høner og Loke vare komne til Andvarefos, i hvilken der var mange Fiske. Dvergen Andvare plejede at opholde sig i Fossen i Skikkelse af en Gedde, og søgte der sin Føde. Otur, sagde Regin, hed vor Broder, som ofte foer i Fossen i en Odders Skikkelse; han havde fanget en Lax, og sad paa Aabrinken og aad den blundende. Loke slog ham ihjel med en Steen; Aserne tyktes at have havt god Lykke med sig, og flaaede Bælgen af Odderen. Den samme Aften vilde de gjæste hos Hreidmar, og viste deres Fangst. Vi grebe dem da, og forelagde dem det Livsløsen, at de skulde fylde Odderbælgen med Guld, og dække den udvendig ligeledes med det røde Guld. Da sendte de Loke bort for at skaffe Guldet. Han gik til Ran og fik hendes Net, og til Andvarefos og kastede Nettet for Gedden; men den løb i Nettet. Da sagde

Loke.
1. Hvo er den Fisk,
I Strømmen gaaer,

Og ej sig for Ondt
At vare forstaaer?
Vil Du dit Hoved

Løse fra Hel,
Skaf mig da hid, hvad der
Flammer i Væld.

Gedden.
2. Andvare jeg hedder,
Oin mig bar,
I mangen en Fos
Jeg faret har;
En Ulykkesnorne
Forlængst mig tvang,
Til stadigt at have
I Vandet min Gang.

Loke.
3. Saafremt Du ønsker
Dit Liv at bevare
I Verden endnu,
Saa siig mig, Andvare
Hvorledes skal Mennesker
Det undgjælde,
At de med Ord
Hinanden fælde?

Andvare.
4. Storstraf fanger
Hver en Mand,
Som vade skal
I Malstrømsvand[1];
Usandt Ord,
Paaløjet Andre,
Grene faaer,
Som vide vandre.

---

[1] sml. Valasangen Nr. 43.

Loke saae alt det Guld, som Andvare ejede, og da denne havde udredet Guldet, havde han endnu een Ring tilbage, men den tog Loke fra ham. Dvergen gik da ind i Stenen og sagde:

5. Dette Guld,
Som Pus har givet,
Koster tvende
Brødre Livet,
Sætter otte
Fyrster sammen,
Vorder ingen
Mand til Gammen.

Aserne bragte Skatten til Hreidmar, udstoppede Odderbælgen og rejste den op. Da skulde Aserne opstable Guldet og dække den; men da det var skeet, traadte Hreidmar frem, fik Øje paa et Mundhaar, og forlangte, at de skulde dække det med. Da fremtog Odin Ringen Andvaresgave, og skjulte Haaret.

Loke kvad:
6. For mit Hoved
Nu du haver
Guld og svære
Løsningsgaver,

Men Lykken svinder
For Sønnen saa fage,
Eder det bringer
Begge af Dage.

Hreidmar.
7. Ej Vennegaver
Du her mig gav,
Ej af oprigtigt
Sind Du gav;
Livet I nu
Berøvet vare,
Havde jeg anet
Slig en Fare.

8. Men værre det er,
Hvad mig tykkes at vide,
At om en Kvinde
En Slægt vil stride;
Knap er' dog de Fyrster
Endnu baarne,
Som ere til Fjendskab
Saalunde udkaarne.

9. Røden Guld
Jeg vel skal volde,
Saalænge jeg Livet
Kan beholde;
Intet mig dine
Trusler skræmme;
Pak Eder væk
Hvor I har hjemme!

Fafner og Regin krævede Slægtbod af Hreidmar efter deres Broder Otur; men han sagde Nej dertil. Fafner gjennemborede da sin Fader med et Sværd, medens han sov. Hreidmar raaber paa sine Døttre:

10. Lyngheid og Lofnheid!
Mit Liv Man tager;
Til Meget jeg trænger,
Hvis Savn mig plager.

Lyngheid.
I Hævn paa en Broder
Ej Harmen udøse
De Søstre, som vorde
Faderløse.

Hreidmar.
11. Fød da en Datter
Du Ulvekvinde,
Hvis ej Du en Søn
Ved en Helt kan vinde!
Giv Pigen — det højt er
Fornødent — en Mand!
Din Harm hendes Søn
Da hævne kan.

Saa døde Hreidmar; men Fafner tog alt Guldet. Regin forlangte at faae sin Fædrenearv, men Fafner gav ham et Nej isteden. Regin spurgte da sin Søster Lyngheid om Raad, hvorledes han skulde faae fat paa sin Fædrenearv. Hun sagde:

12. Vor Broder med gode
Ord Du bede

Om Arven, og om
At tæmme sin Vrede;
Det sømmer sig ikke
For Dig at kræve
Gods af Fafner
Med Sværd i Næve.

Disse Ting sagde nu Regin til Sigurd. En Dag, da han kom til Regins Huus, tog denne vel imod ham.

Regin kvad:
13. Kommen til vore
Sale hen
Er Sigmunds Søn,
Den Snarensvend[1];
Sligt Mod i mig Gamle
Aldrig brændte,
Af graadig Ulv
Er Grams ivente.

14. Den djærve Kriger
Fostrer jeg,
Til os fandt Yngves
Æt sin Vej;
Under Solen
Vældigst Mand
Den Konge vorder,
I hvert et Land
Hans Roes gjenlyder,
Saa Skjæbnen byder.

---
[1] Den snarraadige Svend.

Sigurd var da jævnlig hos Regin, og denne fortalte ham, at Fafner laa paa Gnitahede i en Orms Skikkelse og besad Skrækkehjelmen, der indjog alt Levende Rædsel.

Regin gjorde Sigurd et Sværd, som hed Gram; det var saa skarpt, at naar han skjød det ned i Rhinen, og lod en Tot Uld drive med Strømmen, saa gjennemskar det Totten ligesaalet som Vandet. Med det Sværd kløvede Sigurd Regins Ambolt.

Siden eggede Regin Sigurd til at dræbe Fafner; men han svarede:

15. Højt vilde Hundings
Sønner lee,
Der korted Eylimes
Liv med Vee,
Hvis mere mig lysted
Guldet rød,
End Hævn at søge
For Faders Død.

Kong Hjalprek skaffede Sigurd en Flaade til Faderhævnen. De fik en stor Storm, og krydsede forbi et Forbjerg; en Mand stod paa Klinten og kvad:

206

16. Hvo sees paa Revils[1]
Heste at ride,
Paa larmende Hav
Og Bølger stride?
Sejltømmede Springere
Skumme af Møje,
Ej Vovens Gangere
Vinden døje.

Regin.
17. Med Sigurd ifølge
Vi sejle her,
Os Børen blæser
Vor Undergang nær,
Bølgerne styrte
Brat over Stævn,
Skuderne rulle:
Os Spørgeren nævn!

Spørgeren.
18. Navnet Hnikar,
Du Vølsung! jeg lyder,
Naar efter Striden
Jeg Hugin fryder;
For Dig den Gamle
Paa Bjærget nu hedder
Feng eller Fjølner;
Om Medfart jeg beder.

De holdt ind til Land; Gubben gik ombord, og da lagde Vejret sig.

Sigurd kvad:
19. Hnikar! mig siig,
Da Du kjender saavel
Det, der for Mænd
Som for Guder er Held,
Hvad kan de gunstigste
Varsler os bringe,
Naar vi til Strid skulle
Sværdene svinge?

Hnikar.
20. Meget kan gunstige
Varsler Dig bringe,
Naar Du det kjender,
For Sværdet at svinge;
Sikkert en Kriger
Det er til Gavn,
Naar hannem følger
Den sorte Ravn.

21. Et Andet er,
Om ud Du gaaer,
Som Du til Rejsen
Færdig staaer,
Og tvende Hæders-
mænd just der
Paa Fortog stande,
Hinanden nær.

22. Et Tredje er,
Naar Ulven ude
Høres under
Asken tude:
God Lykke Du faaer
Mod Krigerskare,

---

[1] ɔ: Vikingens.

Hvis Ulven Du seer
Foran Dig fare.

23. Ingen træde
I Kampen ind,
Ved Maanens Søsters
Sidste Skin!
Ved Lyset man maa
Til Sværdleg ile,
For Sejer at faae,
Og fylke i Kile.

24. Farligt det er
Din Fod at støde,
Just naar Kampen
Du gaaer imøde,
Sledske Diser
Da om Dig staae,
Ønske, de kunde
Dig saaret faae.

25. Kæmmet være
Skal og tvættet
Kløgtig Mand
Og morgenmættet,
Uvist, hvor han
Stander silde,
Efter Varsel
Fald er ilde.

Sigurd holdt et stort Slag med Lyngve Hundingssøn og hans Brødre. Der faldt Lyngve og de to andre Brødre. Efter Slaget kvad Regin:

26. Blodørn, ristet
Med bedske Sværd,
Sigmunds Bane
Paa Bag nu bær,
Kongens Søn
Er den Største, som væded
Jorden med Blod
Og Ravnen glæded.

Sigurd drog hjem til Hjalprek; da eggede Regin Sigurd til at dræbe Fafner.

25. Fafner

Sigurd og Regin droge op til Gnitahede, og fandt der det Spor, i hvilket Fafner krøb til Vands. Sigurd gjorde en stor Grav der paa den Vej, og steg ned i den. Da nu Fafner skred af Guldet, sprudede han Edder; men den fløj hen over Sigurds Hoved Da Fafner skred over Graven stak Sigurd ham med Sværdet lige til Hjærtet. Fafner sprællede og slog om sig med Hoved og Hale, Sigurd sprang op af Graven, og da saae de hinanden.

Fafner.
1. Svend dog, Svend!
Hvis Søn er Du?
Hvor stammer Du fra?
Da Sværdet nu
Det blanke Du farved
I Fafners Blod,
Klingen mig lige
Til Hjærtet stod.

Sigurd dulgte sit Navn, fordi det var deres Tro i Oldtiden, at en døende Mands Ord havde en stor Magt, naar han forbandede sin Fjende ved Navns Nævnelse. Han kvad:

2. Krondyr jeg hedder,
Og vandrer i Livet
Som den, hvem ingen
Moder er givet;
Ej har jeg Fader
Som andre Mænd,
Jeg drager omkring
En eensom Svend.

Fafner.
3. Hør, hvis Du ej Fader
Som Andre har,

Hvad Moder mon da
Til Verden Dig bar?

Sigurd.
4. Jeg siger Dig, Intet
Du veed om min Stamme,
Og om mig selv
Er din Viden den samme;
Sigurd, Sigmunds
Søn, Man kalder
Den Mand, for hvis Vaaben
Her Du falder.

Fafner.
5. Hvo hidsed Dig, Svend,
Med det lynende Blik!
Hvor kom det, at mig
Tillivs Du gik?
Din Fader var vist
En grusom Mand,
Du styrer den samme
Vej, som han.

Sigurd.
6. Ene mig hidsed
Mit eget Mod,
Haand og Klinge
Er Bistand god;
Den, hvis Barndom
Blødagtig falder,
Næppe bli'er hvas
Paa sin gamle Alder.

Fafner.
7. Hvis op Du voxed
I Venskabs Skjød,
Da voldte din Vrede
Manges Død;

Nu est Du en Fange,
Tagen i Krig,
Og fangen Mand bæver
Evindelig.

Sigurd.
8. Ej Fafner med Grund
Mig foreholder,
At Faderrige
Jeg ikke volder;
Skjøndt tagen i Krig,
Er jeg ikke i Baand,
Du følte, at frit
Jeg rører min Haand.

Fafner.
9. Hadskhed at ligge
I Alt, Du troer,
Skjøndt kun jeg siger
Dig sande Ord;
Det glimrende Guld,
Den luende Skat,
Den Rigdom bringer
Dig Døden brat.

Sigurd.
10. I Ejendom finder
Enhver Behag
Bestandig indtil
Hiin ene Dag;
Thi eengang kommer
For hver en Sjæl
Den Stund, da heden
Den farer til Hel.

Fafner.
11. Nornens Dom
Fra hver en Krog

Skal lure paa Dig
Som et Letsindsdrog;
Du drukner, naar blot
I Blæst Du roer,
For Dødviet Fare
I Alting boer.

Sigurd.
12. Fafner, Man kalder
Dig viis med Rette
Og meget vidende!
Siig mig dette:
Hvo ere de Norner,
Som gange til Nød,
Og Barnet kaare
Fra Moders Skjød?

Fafner.
13. Af sondrede Arter
Er Norners Stand,
Som ikke i Slægt
Sig regne kan;
Asamøer
Og Alfepiger,
Men nogle ere
Fra Dvalins Riger.

Sigurd.
14. Fafner, Man kalder Dig
Viis med Rette,
Og meget vidende!
Siig mig dette:
Hvad hedder den Holm,
Hvor Kampen raser
Blodig imellem
Surt og Aser?

Fafner.
15. Oskopner den hedder.
Samles der
Skal til Sværdleg
Gudernes Hær;
Bævrast brister,
Naar bort de gaae,
I Tykningen Gangerne
Svømme maa.

16. Øgershjelmen
Mod Folk jeg bar,
Saalænge paa Skatten
Jeg ruget har;
I Styrke jeg troede
Mig overgaae
Alle, jeg traf
Af Mænd kun faa.

Sigurd.
17. Øgershjelmen
Alene kan
Ej skjærme i Striden
Mand mod Mand;
Hvo Flere træffer
Tilsidst vil finde,
At Ingen kan Alle
Overvinde.

Fafner.
18. Edder jeg fnyste,
Mens paa Leje
Jeg havde min Faders
Arv i Eje.

Sigurd.
19. Paa Kraft Du hvæste,
Glindsende Snog!

Og Haardhed hele
Dit Sind betog;
Des større Had
Den Hjelm vil tænde
Blandt Mænd, hvem nu
Den gaaer ihænde.

Fafner.
20. Jeg raader Dig, Sigurd!
Mit Raad Du høre:
Lad Hesten Dig lige
Til Hjemmet føre!
Det glimrende Guld,
Den luende Skat,
Den Rigdom bringer
Dig Døden brat.

Sigurd.
21. Med Dig fik vi raadet:
Jeg rider forvist
Til Guldet, som gjemmes
I Lyngen hist,
Mens, Fafner! her
Du ligger og venter
I Dødskamp paa,
At Hel Dig henter.

Fafner.
22. Mig Regin forraadte,
Dig vil han forraade,
Han vorder til Bane
For os baade;
Nu troer jeg, at Fafner
Snart sit Liv
Forliser, din Magt
Var mig for stiv.

Regin var gaaet bort, medens Sigurd vog Fafner, og kom tilbage, da han vidskede Blodet af Sværdet.

Regin sagde:
23. Hil Dig, Sigurd!
Du sejrende øved
Drabet, og Fafner
Sit Liv berøved;
Af alle Mænd,
Paa Jorden ere,
Den haardeste Hals
Jeg siger Dig være.

Sigurd.
24. Naar Sejrguders Sønner
Samles alle,
Man veed ej, hvo
Der er haardest at kalde,
Mangen er skrap,
Uagtet ej
Hans Klinge til Andres
Bryst fandt Vej.

Regin.
25. Glad er Du, Sigurd!
Og sejerkjær,
Mens Gram Du tørrer
I Græsset der;
Min Broder dog
Den Dræbte var,
Skjøndt selv i Noget
Skyld jeg har.

Sigurd.
26. Dit eget Raad
Det saa monne føje,
At hid jeg red
Over hellige Høje;
End ejed den Glindsorm
Gods og Liv,
Om Du ej havde
Mig egget til Kiv.

Da gik Regin hen til Fafner og skar Hjærtet ud af ham med Sværdet Ridil, og drak Blod af Saaret.

Regin kvad:
27. Sid ned og Hjærtet
Ved Ilden vend,
Imens til at sove
Jeg lægger mig hen;
Først jeg Drikken
Af Blodet nød,
Saa æder jeg Livets
Kolde Glød.

Sigurd.
28. Borte Du var,
Da Fafners Blod
Min skarpe Klinge
Jeg farve lod;
Styrke jeg prøved
Med Ormens Magt,
Mens Du Dig havde
I Græsset lagt.

Regin.
29. Længe kunde
Hin gamle Trold
Ligget paa Lyngen
For Dig i Behold,
Om ikke jeg selv
Havde gjort Dig et Sværd,
Den skarpe Klinge,
Du brugte her.

Sigurd.
30. Mod er bedre
End mægtigt Sværd
For vrede Mænd
I Stridens Færd,
Med Klinge sløv
En tapper Mand
Tidt store Sejre
Vinde kan.

31. Bedre den Skrappe
End den Slappe
Kan i Hildes
Leg sig rappe,
Bedre den Frejdige
End den Flade
Vogte sig vil
I Alt for Skade.

Sigurd tog Fafners Hjærte og stegte det. Da han troede, at det var fuldstegt, og Saften af Hjærtet satte Skum, følte han paa det med sin Finger for at skjønne, om det var færdigt. Han brændte Fingren og stak den i Munden; men da Fafners Hjærteblod kom ham paa Tungen, forstod han Fuglenes Røst. Han hørte Egderne kviddre i Krattet.

Første Egde.
32. Der sidder Sigurd,
Sveden brister,
Fafners Hjerte
Ved Ild han rister;
Klogere Ringenes
Bryder sig viste,
Hvis selv han den glindsende
Livsseje[1] spiste.

Anden.
33. Der ligger Regin,
Pønser paa List,
Svenden, som troer ham,
Sviger han vist;
Vrangt i Vrede
Han sammenlænker,
Smeder til Hævn
For Broderen Rænker.

Tredje.
34. Lod han den Graaskjælm
Fare til Hel
Et Hoved kortere,
Gjorde han vel;
Ene han skulde da
Guldet eje,
Som ligger i Mængde
Paa Fafners Leje.

Fjerde.
35. Flinkere var han,
Hvis nytte han kunde
Det Venskabsraad,
Som I Søstre ham unde,
Ravnen han glæded,
Sig selv han tjente:
Hvor Ørene rage,
Er Ulv ivente.

Femte.
36. Saa flink den Kriger
Er ingenlunde,
Som det af en Høvding
Ventes kunde,
Hvis bort han lader
En Broder drage,
Naar først han den anden
Har bragt af Dage.

Sjette.
37. Taabelig er han,
Hvis dennesinde
Skaane han vil
Sin lumske Fjende
Regin, som ligger
Og vil ham forraade,
Ej han sig vogter
For slig en Vaade.

Syvende.
38. Kort ham Hov'det,
Den garstige Trold,
Saa tager han ej
Dine Ringe ivold!

---

[1] d. e. Hjærtet.

Som eneraadig
Du da skal eje
Den ganske Skat
Fra Fafners Leje.

Sigurd.
39. Saamægtig Skjæbnen
Ej vorde kan,
At Regin fik Ord
For min Banemand;
Begge Brødrene
Skulle snart
Heden sig give
Til Hel paa Fart.

Sigurd huggede Hovedet af Regin og aad da Fafhers Hjerte, samt drak baade Regins og Fafners Blod; da hørte Sigurd, hvor Egderne sagde:

40. Bind Du kun sammen
De røde Ringe,
En Konge ej lader
Af Frygt sig tvinge;
Jeg veed, hvor den fagreste
Mø monne gange
Prydet med Guld,
Søg hende at fange!

41. Grøn er Vejen
Til Gjukes Hjem,
Skjæbnen viser
Vandreren frem;
En Datter den herlige
Konge mon have,
Hende Du vinder
Med Fæstensgave.

42. En Sal paa højen
Hindfjæld staaer,
En Ild foruden
Rundt om gaaer,
Den lavede dygtige
Mænd til at true
I Kraft af sin lysende
Rædselslue.

43. En Stridsmø veed jeg
Paa Fjældet sover,
Lindens Fortærer
Leger henover,
Søvntorn stak
I Møens Skrud
Ygger, da Mænd
Hun kaarede ud.

44. Møen Du skuer
Med Hjælm, som did
Paa Stækvinge lige
Hun red fra Strid,
Ej Sigdrivas
Søvn Du bryde,
Skjoldung! Norner
Sligt forbyde.

Sigurd red langs Fafners Spor til hans Kule, og fandt den aaben. Døren og Stolperne og alle Stokkene i den Bolig vare af Jern, men Skatten var nedgravet i Jorden.

Der fandt Sigurd overmaade meget Guld, saa at han fyldte to Kister. Han tog der Øgershjelmen, en Guldbrynje og Sværdet Hrotte, og mange Klenodier, og dermed belæssede han Grane, men Hesten vilde ikke gaae frem, førend Sigurd steg op paa dens Ryg.

26. Sigdriva
eller Første Brynhildskvad

Sigurd red op paa Hindfjæld, og stævnede mod Syd til Frakland; paa Fjældet saae han en stærk Lysning som af en flammende Ild, der straalede mod Himlen; men da han kom til Stedet, stod der en Skjoldborg med oprejst Banner. Sigurd gik ind i Skjoldborgen og saae, at der laae en Mand og sov i fuld Rustning. Først tog han Hjælmen af Hovedet paa ham, og da saae han, at det var en Kvinde. Brynjen var saa fast, som om den var groet til Kjødet. Da slidsede han Brynjen op med Gram fra Hovedaabningen og heelt ned efter, og ligeledes begge Ærmerne. Derpaa tog han Brynjen af hende, men hun vaagnede, satte sig op, saae Sigurd, og sagde:

1. Hvad bed min Brynje?
Hvi vaagned jeg brat?
Hvo har Dødstvangen
Fra mig forsat?

Han svarer:
Sigmunds Søn;
Nys Sigurds Klinge
Søndred Krigsligskjortens Ringe.

[Hun sagde:]
2. Længe sov jeg,
Lagt i Slummer,
Længe varer
Jordisk Kummer;
Odin voldte,
At jeg kunde
Aldrig høre
Op at blunde.

Sigurd satte sig ned og spurgte om hendes Navn. Hun tog da et Horn fuldt af Mjød, og gav ham Mindedrik:

3. Hil Dag og Dagens
Sønner Hil!
Hil Nat og Nattens
Datter Hil!
Mildeligt Blikket
Til os I sænke!
Sejer os siddende
Her I skjænke!

4. Hil Aser og Hil
Asynier være!
Hil Jord — Du kan
Alt Godt beskjære!
Os Vid og Tale
Med Ære give!
I signe os vore
Hænder ilive!

Hun kaldtes Sigdriva og var en Valkyrie. Hun fortalte, at tvende Konger sloges: den ene hed Hjalm-Gunnar og var dengang gammel men en stor Kriger; ham havde Odin lovet Sejer; den Anden hed Agnar, Hades Broder, hvem ej en eneste Sjæl vilde tage sig af. Sigdriva fældede Hjalm-Gunnar i Slaget, og til Straf derfor stak Odin hende med Søvntorn, og udsagde, at hun aldrig siden skulde vinde Sejer i Slag, og at hun skulde giftes. "Men jeg erklærede ham, at jeg derimod forbandt mig til det Løfte, aldrig at ægte nogen Mand, som kunde ræddes."

Han svarer, og beder hende lære sig Viisdom, hvis hun havde Kundskab om alle Verdener.

Sigdriva sang:
5. En Drik Dig, Abild
I Kampens Have,
Fuld af Sange
Og Lindrestave!
Gode Galdre
Og Runegammen
Til Styrke og Hæder
Jeg blander sammen.

6. Sejrruner Du riste
Vil Sejer Du friste!
Paa Sværdets Hjalte
Du skal dem riste,
Somme paa Tværhold
Og Krumbeslag
Nævne Gud Tyr
I tvende Tag!

7. Ølruner lær,
At fremmed Kvinde
Ej mod din Tro
Skal Rænker spinde!
Paa Horn og Haand
De ristet være,

218

Neglen N'ets
Mærke bære!

8. Sign Bægeret
Imod Fortred,
Og kast et Løg
I Drikken ned!
Da vil det sandes,
At Mjød til Meen
Dig aldrig blandes.

9. Bjærgruner Du lære,
Om Hjælper Du er
Og Koner forløser
I Barselfærd,
I Luven de ristes,
Om Haandeled
De spændes. Om Hjælp
Til Diser bed.

10. Brændingsruner,
Dem skal Du kunne,
Om Sejlheste bjærge
Du vil paa Sunde;
Paa Styrets Blad
Og paa Stavn dem rist,
Mærk Aaren med Ild;
Saa brat for vist
Ej Brænding skal være,
Ej Bølge saa blaa,
At jo fra Havet
Du frelst vil gaae.

11.Greenruner Du lære,
Vil Konsten Du eje

Læge at være
Og Saar at pleje!
Paa Bark dem rist
Og paa Skovens Træ,
Hvis Grene søge
Mod Østen Læ!

12. Maalruner Du lære,
Om Du vil hindre,
At Nogen ved Hævn
Skal Harmen lindre!
De vindes og væves
Og sættes omkring,
Hvor Folk forsamles
Paa Dommerthing.

13. Huruner Du lære,
Vil Du blandt Alle
Snilrigest være!
Fra Æthervælds Høs,
Fra Skatvælds Horn
Den Vædske randt,
Af hvilken Hropter[1]
Dem raaded og risted,
I Tanken udfandt.

14. Med flammende Sværd
Paa Bjærget han stod,
Hjælmen sit Hoved
Dække lod.
Da mæled sit første
Viisdomsord
Mimers Hoved,
En Sandhed stor.

---

[1] et af Odins Navne.

15. Det kvad, at Runer
Var ristet ud
Paa Skjold, som stander
For skinnende Gud,
Paa Alsvins Hove
Og Arvaks Ører,
Paa Hjul, som rulle,
Naar Røgner kjører,
Paa Sleipners Bidsel
Og Slædens Redsel,

16. Paa Bjørnens Lap
Og Ulvens Klo,
Paa Brages Tunge
Og Enden af Bro,
Paa Ørnens Næb
Og Vinger i Blod,
Paa Løserens Luv
Og Lindrerens Fod.

17. Paa Guld og Glar
Og Gammenssæde,
Paa Gungners Od,
I Viin og Væde,
Paa Nornens Negl
Og Signeringe[1],
Paa Uglens Næb
Og Granes Bringe.

18.
Afskrabet blev
Den hele Skare
Af Runer, som forhen
Risted' vare,

I hellig Mjød
Man dem udgjød,
Og sendte dem ud
Paa vide Veje;
De ere i Asers
Og Alfers Eje,
Somme til vise
Vaner kom,
Somme blev Menneskers
Ejendom.

19. Det er Bogruner
Og det er Bjærgruner
Og alle Ølruner
Kraftruner gode,
Til Held for Alle,
Som dem uvildte,
Uspildte forstode;
Men kan Du forstaae,
Saa nyd dem saalænge.
Til Magter forgaae!

20. Træf nu dit Valg,
Du har at befale,
Du hvasse Helt!
Om jeg skal tale
Nu eller tie.
Brug selv dit Tykke,
Afmaalt er
Enhver Ulykke.

Sigurd.
21. Ej bæver jeg, spaaer Du
End min Død,

---
[1] Efter Ordene: "paa Mændenes Amuletter".

Ikke jeg fødtes
I Sindet blød;
Saalænge jeg end
Er her ilive,
Fuldt ud dit Venneraad
Du mig give.

Sigdriva.
22. Da giver jeg først
Et Raad Dig her:
Pletfri mod dine
Frænder vær,
Tag ikke Hævn
Over deres Brøde!
Det, siger man, gavne
Skal de Døde.

23. Et andet Raad
Jeg giver Dig her:
Aldrig paa Andet
End Sandhed svær,
Falskneren vente
Tunge Lænker,
Uselig er,
Hvo Tillid krænker.

24. Det tredje Raad,
Jeg giver, er dette:
Paa Thinge Du aldrig
Med Taaber trætte,
Uvidende Mænd
Jo ofte stride
Med værre Ord,
End selv de vide.

25. Og tier Du, er det
Galt igjen,
Da troer man, Du er

En frygtsom Svend,
Eller at Sandt
Han mod Dig vandt;
Pust ud hans Livslys
Den næste Dag,
Saa lønne Du Folk
For Løgnesag!

26. Et fjerde Raad
Jeg giver her:
Om skjændig Hex
Boer Vejen nær,
Bliv ved at gaae
Og gjæst ej der,
Selv om det hen
Ad Natten er.

27. Til Spejderøje
Trænge Mænd,
Som vrede gaae
I Kampen hen,
Ond Kvinde tidt
Er Vejen nær,
Og døver deres
Mod og Sværd.

28. Et femte Raad
Jeg giver Dig:
Hvor fagre Piger
Bænke sig,
Lad Frændesølv
Din Søvn ej rokke.
Til Kys Du ingen
Kone lokke.

29. Mit sjette Raad:
Om over Bord
Ved Bægret vexles

Avet Ord,
Du drukken ej
Skal gaae i Rette
Med slige Folk,
Som yppe Trætte,
Viin stjal Forstand
Fra mangen Mand.

30. Kiv og Drik
Gav Mangenmand
Et Hjærtestik,
Somme Uselhed,
Somme Død;
Mennesker døje
Megen Nød.

31. Et Syvende
Jeg raade kan:
Om Strid Du har
Med tapper Mand,
I aaben Kamp
Skal Ædling vinde
Og ej i Hjemmet
Brænde inde.

32. Et Ottende jeg
At raade veed:
Hold Dig fra Ondt,
Sky Snedighed;
Bring ikke Lysten
Til at stige,
Lok hverken Kone
Eller Pige!

33. Et Niende
Jeg raader Dig:
Til Jorden sted

Hvert fundet Lig,
Hvad enten død
Paa Sotteseng,
I Bølgen eller
Haandemæng.

34. Den Døde skal man
Høj oprette,
Hoved og Hænder
Skal man tvætte,
Tørre og kjæmme,
Før han lægges
I Kistens Gjemme,
Og ønske saa,
At saligen
Han sove maa.

35. Et Tiende
Jeg raader Dig:
Fæst aldrig Lid
Til et Forlig
Med Vildmands Søn,
For hvem Du slog
En Broder, eller
Fader vog!
En Skalk der er
I Sønnens Trøje,
Om end han lod
Med Guld sig nøje.

36. Tro ej, at Sag eller
Vrede sover,
Ej heller, at Harm
Er gaaen over;
Ej blot til Sværd,
Men til Forstand
En Konge ofte

Trænge kan,
Naar han skal være
Første Mand.

37. Mit ellevte Raad:
Naar Ondt Du skuer.

Du veje nøje,
Hvormed det truer;
Langt Liv jeg kunde
For Kongen spaae,
Men ramme Rænker
I Udsigt staae.

Sigurd sagde: "Ikke findes der Nogen visere end Du, og det sværger jeg, at Dig vil jeg eje; thi Du er ret efter mit Sind".

Hun svarede: "Dig vil jeg helst eje, om jeg endog kunde vælge blandt alle Mænd".

Og dette stadfæstede de imellem sig med Eder.

27. Sigurd Fafnersbane – tredje Kvad eller Andet Brynhildskvad

1. Fordum, da Sigurd
Fafner vog,
Til Gjuke den unge
Vølsung drog;
Løfter han fik
Af Brødre tvende,
Eder vexlede
Tappre Svende.

2. De Gjukes Ungmø
Ham Overlod,
Gudrun og mangt
Et dyrt Klenod;
Ung Sigurd og Gjukes
Sønner imag
Drak og taltes
Saa mangen Dag.

3. Indtil paa Bejlen
Om Brynhild de droge,
Da Sigurd i Følge
De med sig toge;
Saa godt ung Vølsungen
Kjendte de Veje,
Selv burde han Bruden
Havt i Eje.

4. Sydmanden Sigurd
Imellem dem der
Lagde sit klingre
Dragne Sværd;
Ikke han Pigen
Kyssede blot
Eller omarmed,
Den Huniske Drot[1];

---

[1] Den huniske Drot. "Huner" betegne fornemmelig Stammerne under despotiske Høvdinger, den første hedenske Olds Mennesker, i Modsætning til Goter, de kultiverede Folkeslag, de frie Mænd, den anden Olds Mennesker; men da Slægterne i den tredje Old

Blomstrende skjøn
Bevared han Møen
For Gjukes Søn.

5. For Last i sit Levnet
Hun vidste sig reen,
Ej dødelig Synd
Var hende til Meen,
Eller syntes saa
Efter egen Dom:
Men grumme Norner
Ivejen kom.

6. Eensom en Aften
Ude hun dvælte,
Dette med rene
Ord hun mælte:
"Den blomstrende Sigurd
I Favn jeg faaer,
Forvist jeg ellers
I Graven gaaer."

7. "Brat jeg angrer
Det Ord, som faldt,
Gudrun er jo
Hans Kone alt,
Og jeg er Gunnars;
Men Norner lede
Langen Attraa
Os berede."

8. Fuld i sit Indre
Af onde Tanker,

Lig iiskolde Jøkler,
Hun ofte vanker
Hver Aftenstund,
Naar han og Gudrun
Gange til Blund,
Naar Tæppet han svøber
Om hendes Liv
Og Kongen den Huniske
Favner sin Viv.

9. "Tabt er min Elskov
Og tabt er min Bejle,
Nu skal jeg Hjærtet
Med Bisterhed gejle."

10. Sligt Had sig iltrer
Til Mandefald:
"Ganske, Gunnar!
Du miste skal
Landene mine,
Mig selv dertil,
Ej længer med Ædlingen
Leve jeg vil."

11. "Did, hvor jeg var,
Jeg atter vender
Tilbage til mine
Nære Frænder;
Der skal jeg sidde,
Mit Liv hendøse,
Hvis ej Du vil Sigurds
Blod udøse,
Hvis ej Du kan

---

blandedes, formeentlig ved at Stammehøvdingerne ægtede Fylkekongers Døttre, og tildeels undertvang Folkeslagene, saa bliver Betegnelsen, navnlig brugt om Kongeslægterne, mere usikker.

Blive blandt Kongerne
Ypperste Mand."

12. "Lad Faderens Skjæbne
Sønnen ramme,
Den Ulveunge
Ej længer vi amme;
Ej Hævn for Nogen
Kan lettere blive,
Ej heller Forlig
Ved at Søn er ilive."

13. Vred blev Gunnar
Og sorgbetagen,
Grublende sad han
Hele Dagen;
Han kunde det ikke
Til Vished føre,
Hvad Sømmeligst var
For ham at gjøre,
Hvad Tjenligst var
For ham at gjøre,
Naar han skulde Tabet
Af Vølsungen bære,
Tungt maatte Savnet
Af Sigurd være.

14. Og atter en jævnlang
Stund hengled,
Medens han tænkte
Fra modsat Led,
Hvor lidet hyppigt
Det forekom,
At Kvinder gav Slip
Paa Kongedom;
Saa kaldte han Høgne
I Eenrum hen,

Han var ham i Alt
En fuldtro Ven.

15. "Højt over Alle
Jeg Brynhild skatter,
Kronen for Kvinder
Er Budles Datter;
Og hellere skulde jeg
Lade mit Liv,
End slippe de Skatte,
Mig bragte min Viv."

16. "Vil Du, at Fyrsten
For Guld vi veje?
Lysteligt Rhinmalm
Er at eje;
Meget Gods
Sin Herre fryder,
Uden Besvær
Han Velstand nyder."

17. Det faste Svar
Lod Høgne høre:
"Os ej sømmer det
Sligt at gjøre,
Med Sværd at bryde
De Eder, vi svor,
De svorne Eder
Og Troskabsord."

18. "Ej sælere Mænd
Over Mulde gaae,
Saalænge vi fire
For Folket staae,
Og end hiin Huniske
Hærbas fægter;
Paa Jord ej fandtes

Saa vældige Slægter,
Som naar fem Sønner
Vi fostred til Mænd
Og Stammen den højbaarne
Øgedes end."

19. "Grant skuer jeg Gangen
I dette Værk;
Men Brynhilds Tirren
Er altfor stærk."

20. "Guthorm er den,
Som skal fælde vor Mand,
Den unge Broder
Har liden Forstand;
Han deeltog ej
I de Eder, vi svor,
I svorne Eder
Og Troskabsord."

21. Let var at egge
Den Fusentast —
I Sigurds Hjærte
Sad Sværdet fast.

22. I Salen sig Helten
At hævne hasted,
Sin Gram han efter
Den Kaade kasted;
Kraftig fra Kongens
Haand den iled,
Dens blanke Staal
Mod Guthorm stiled.

23. Den kløved hans Fjende
I Parter tvende,
Hoved og Hænder
Tog Kolbøttefart,
Tilbage paa Stedet
Sank Føddernes Part.

24. Gudrun var slumret
I Sengen ind,
Sorgløs hun hvilte
Ved Sigurds Kind;
Da op hun vaagned,
Var Glæden forbi,
Thi Freysvennens Blod
Hun svømmede i.

25. Saa svarligen Hænderne
Sammen hun slog,
At op sig mod Hyndet
Den Hustærke drog:
"Græd ikke, Gudrun,
I bitter Klage,
Blomstrende Viv!
Du har Brødre tilbage."

26. "Min Arving er altfor
Ung af Aar,
Han slipper ej ud
Af Fjendens Gaard;
Mod eget Blod
Paa friske Rænker
Endnu man grumt
Og begjærligt tænker."

27. "Slig Søstersøn,
Om syv andre Du føder,
Aldrig med dem
Paa Thinge møder;
Nu skuer jeg klarligen
Sagens Gang,

Ene fra Brynhild
Alt Ondt udsprang."

28. "Mig havde hun meer
End Andre kjær,
Men Gunnar jeg aldrig
Gjorde for nær,
Jeg holdt vort Slægtskab
Og svorne Eder,
Dog siden hans Kones
Ven jeg hedder."

29. Da sukkede Kvinden
Og Kongen var død —
Hun Hænderne slog
I saa heftige Stød,
At Bægerne toned
I Vee derved
Og Gjæssene skreg
Fra Gaarden med.

30. Den ene Gang
En hjærtelig Latter
Hørtes fra Brynhild,
Budles Datter,
Der ind til hende
Paa Lejet klang
Gudruns skingre
Klagesang.

31. Kvad da Gunnar
Den Jægerdrot:
"Hadske Kvinde!
Ej venter Du Godt,
Endskjøndt Du leer,
Og glad Dig her
I Kamret teer;
Hvi skifter Du saa

Dit Farveskjær?
Du Ulykkesfugl!
Din Død er nær."

32. "Skulde din fulde
Ret Du døje,
Da hugged vi Atle
Ned for dit Øje;
Blodig saaret
Din Broder Du saae,
Maatte hans Vunder
Til Haande gaae."

33. Budles Datter
Svared dertil:
"Nu Ingen, Gunnar!
Dig egge vil,
Drabets Gjerning
Du har fuldbragt;
Lidet gi'er Atle
Paa Avind Agt,
Længer end I
Han Livet nyder,
Stedse ved større
Magt sig fryder."

34. "Jeg siger Dig, Gunnar!
Du veed det grant,
Hvorledes I tidlig
Strafskyld vandt.
Hos Brodren jeg leved
I Overflod
Og lagde ej Baand
Paa mit Ungdomsmod."

35. "Mands Eje var ikke
Mit Øjemed,
Førend til Gaarde

I Gjukinger red,
Trende vældige
Konger tilhest,
Den Færd havde været
Uskeet bedst."

36. "Da gav jeg den Konge
Tro og Love,
Som guldprud sad
Paa Granes Bove,
Ej ligned han Eder
I Aasyn og Øje,
I Alt I maatte
For ham Eder bøje,
Skjøndt begge to
Mægtige Konger
I Eder troe."

37. "Og Atle mig sagde
Et sikkert Ord,
At hverken Løsøre,
Guld eller Jord
Han havde isinde
Med mig at skifte,
Hvis ikke jeg vilde
Mig lade gifte;
Ej mindste Lod
Han mig vilde tilvende
Af Godset, han gav mig
Som Barn i Hænde;
Ej mindste Hvid
Af hvad jeg fik
I min Barndomstid."

38. "Tvivlsomt det for
Min Hu da stod,
Om kjæmpe jeg skulde
Og udøse Blod
I Brynje bold
For Brodervold:
Vi maatte i aaben
Krig da stride,
Mangen en Mand
Til Hjærtekvide."

39. "Vi lode os paa
Forlig dog ind;
Thi mere det smilte
Til mit Sind
Kostbarheder
Og røde Ringe
At lade af Sigmunds
Søn mig bringe;
Ikke jeg skjøtted
En Andens Gaver;
Ham ene, ej flere,
Jeg elsket haver,
Ingen skal finde,
At vægelsindet
Var denne Kvinde."

40. Nu skal Atle
Sande snart,
Naar grant han spørger
Min Selvmordsfart,
At ej en Kone
Det sømme kan,
Letsindig at leve
Med Andens Mand:
Thi er der ej Andet
For mig tilbage,
End Hævn for al
Min Harm at tage."

41. Op sprang den Fører
For Huustroppens Rækker,
Om Hustruens Hals
Sin Arm han lægger:
Alle da vexelviis
Ginge til hende,
Og søgte oprigtigt
Det Forsæt at vende.

42. Hun rystede fra sig
Den hele Skare,
Og trodsed den lange
Vej at fare.

43. Da fordrer han Høgne
I Eenrum hen:
"Til Salen stævner jeg
Alle Mænd,
Dine med mine,
Thi stor er Nøden;
Maatte de hindre
Min Viv fra Døden,
Før hendes Ord
Til Værre blive!
Resten i Skjæbnens
Haand vi give."

44. Høgne svarede
Dette alene:
"Ingen Du lade
Hende formene
Den lange Vej,
Fra den hun vorde
Gjenfødt ej!
Krænget hun kom
Fra Moders Skjød,
Baaren hun er
Til idel Nød,
Til Ulykkesstand
For mangen Mand."

45. Fra Mødet han gik
Med liden Ære
Did, hvor hans Hustru
Lod Skjænk frembære;
Hele sit Eje
Hun overskuer,
Dødviede Terner
Og Kammerfruer.
Guldbrynje hun idrog,
Ikke til Lyst,
Og borer det skarpe
Sværd i sit Bryst.

46. Hovedkuls ned
Paa Bolstret hun kom,
Der laae hun saaret,
Og tænkte sig om:

47. "Kommer nu Alle,
Som ønske at have
Guld af mig
Eller mindre Gave;
Indfattede Smykker
Jeg deler ud,
Baldyringer, Linned
Og skinnende Skrud."

48. Alle de tav
Og stode i Tanker,
Fra Alle som Een
Det Svar da vanker:
"Nok ere døde!
Lad os ilive

Som Kammerfruer
Vor Dont bedrive!"

49. Den linsmykte Frue,
Skjøndt ung hun var,
Gav dem dette
Forstandige Svar:
"Dertil jeg Ingen
Vil skynde og nøde,
At Livet de skulde
For vor Skyld øde."

50. "Kun dette jeg siger,
En mindre Deel
Af Penge og Menjas
Gode Meel[1]
Skal siden brænde
Paa Eders Krop,
Naar heden I fare
At søge mig op."

51. "Sæt Dig Gunnar,
Din Hustru kjær
Med Død for Øje
Dig melder her:
End er Eders Skib
Ej frelst paa Sø,
Skjøndt jeg nu lægger
Mig til at døe."

52. "Med Gudrun slutte
I snart Forlig,
Før end Du det
Tænker Dig;
Den døde Konges

Fortrolige Kvinde
Dog efter ham bærer
Et truende Minde."

53. "Thi her skal komme
Til Verden frem
En Mø, som fostres
I Moders Hjem;
Hun hvidere vorder
End Dagen den skjære,
En Solens Straale
Svanhvide skal være."

54. "Gudrun vorder
En Stormands Brud,
Men farligt paa Heltene
Sigter hans Skud;
Ej efter Ønske
Hun mandsæl bliver,
Hende til Atle,
Min Broder, Du giver."

55. "Den Medfart, man
Mig given har,
Nu stander for
Mit Minde klar,
Hvorlunde I bitterligt
Mig besveg,
I hele mit Liv
Mig Glæden veg."

56. "Oddrun ønske
Du skal at ægte,
Men Atle Sligt
Dig vil fornegte!

---

[1] d. e. Guld; sml. Grottesangen.

I Løndom dog
Hinanden I finde,
Og elske skal dig
Denne Kvinde
Saa højt, som ogsaa
Jeg det kunde,
Hvis Skjæbnen vilde
Os bedre unde."

57. "Atle Dig faaer
I sin grumme Magt,
I trangen Ormegaard
Vorder Du lagt."

58. "Længe dog
Det ej skal vare,
Inden Atle
Bort maa fare
Fra al sin Lykke
Og miste sit Liv:
Ham Gudrun vorder
En grusom Viv,
Med bidende Eg
Og bitter Harm
Ham fælder i Sengen
Hendes Arm."

59. "Æren vor Søster
Gudrun bød
At følge sin Ungdoms
Mand i Død,
Hvis gode Raad
Hun fik i Sligt,
Og hvis hendes Sind
Var vores ligt."

60. "Nu sagtnes mit Mæle —
Ikke hun vil

Sit Liv for vor Skyld
Sætte til;
Høje Bølger
Hende paa Strand
Føre i Jonakurs
Odelsland;
Tvivlsom er der
For Jonakurs Sønner
Den rette Færd."

61. "Den Mø, som Sigurd
Avled med hende,
Svanhilde, skal hun
Af Landet sende;
Hun Bikkes onde
Raad fornemmer,
Thi Jørmunrek
Sin Pligt forglemmer.
Paa Jord er Sigurds
Æt ej mere,
Men Gudruns Sorger
Desto flere."

62. "Een Bøn endnu
Jeg beder Dig om,
Den sidste, som fra
Min Læbe kom:
Saa stort et Stade
Paa Sletten Du
Oprejse lade,
At lige rummelig
Plads for Hver,
Som døer med Sigurd,
Vorder der."

63. "Du om dette
Stade folde
Tæpper, hvorpaa

Hænge Skjolde,
Smukt baldyret
Valaslør
Hvert et Lig
Indhylle bør,
Men mig selv
Jeg brændt vil vide
Ved den Huners
Ene Side."

64. "Ved hans anden
Side brænde
Mine rigt
Udsmykte Svende,
Ved hans Hoved
Ligge tvende;
Tvende Høge
End paa Stedet:
Alle da
Tilpas er redet!

65. "Mellem os Du
Atter lægge
Jernet med de
Skarpe Egge,
Gyldent Malm,
Paa samme Maade
Just som fordum,
Da vi baade
Deelte Sengen
Med hinanden,
Som om han
Var Ægtemanden."

66. "Naar da Hallens
Porte smukke
Med den gyldne
Ring sig lukke,
Ej de ham paa
Hælen falde!
Thi jeg selv
Vil da med Alle
Heden følge
Ham paa Vej,
Ringe er
Vort Optog ej:"

67. "Thi vi ham
Til Følge sende
Terner fem
Og otte Svende,
Af anstændig
Æt de kom,
Før min Faders
Ejendom,
Fostrede med
Mig i Livet,
Budle har sit
Barn dem givet."

68. "Meget jeg sagde,
Mere jeg kunde,
Om Sværdet mig flere
Ord vilde unde —
Min Stemme svigter,
Mit Saar lukkes i.
Sandhed jeg talte —
Nu er det forbi.

28. Brudstykke af et Brynhildskvad

Gunnar.
1. Hvi, Brynhild Budles
Datter! vanker
Du fuld af Ondt
Og Mordertanker?
Hvad Sagskyld har Dig
Sigurd givet,
At Du vil røve
Helten Livet?

Brynhild.
2. Mig Sigurd har
Ved Ed sig bunden,
Men Løgn i hver
En Ed var spunden;
Han sveg mig netop,
Da han skulde
Mod Eden være
Tro tilfulde.

Høgne.
3. Dig Brynhild ved
Sit onde Raad
Har egget op
Til Uheldsdaad;
Thi Gudruns Lykke
Først hun skader,
Og siden Dig
Hun selv forlader.

4. Ulven de stege,
Og Slangen de sprætte,
Og Guthorm med denne
Spise de mætte;
Saa mægtede først
De Ildgjerningsmænd
At lægge Haand
Paa den tappre Svend.

5. Gjukes Datter
Ude stod,
Gudrun det Ord
Flux høre lod:
"Hvi fører Sigurd
Ej denne Skare,
Forrest jeg skuer
Frænderne fare?

6. Kortelig Høgne
Gav til Svar:
"Med Sværd vi Sigurd
Fældet har,
Hos ham stander
Hans Ganger graa,
Sin døde Konge
Den stirrer paa,"

7. Men Budles Datter
Tog til at kvæde:
"Nu kan Eder Vaaben
Og Lande glæde!
Om Sigurd I lode
Livet beholde,
Ene han skulde
Alting volde."

8. Ej saa burde være
Ham underlagt
Gjukes Arv
Og Gothers Magt,
Naar mange Sønner,
Lystne at stride,
Til Folkets Fortred
Ham stode ved Side."

9. Da loe Brynhilde,
I Borgen det klang,
Af ganske Hjærte
Endnu engang:
"Nu fryde I Eder
Ved Folk og Land,
Da fældet I have
Den tappre Mand."

10. Men Gudrun, Gjukes
Datter, udbrød:

"Heelt unaturlig
Din Tale lød;
De Lede Morderen
Gunnar tage!
Hadefuldt Sind
Skal Hævnen smage."

11. Sønden for Rhinen
Var Sigurd død,
Ravnens Skrig
Fra Trætop lød:
"Atle, Eders Blod udgyder,
Drab af sorne
Eder flyder."

12. Et Drikkegilde
Mod Nat der stod
Med spøgefuld Tale
I Overflod;
Til Sengs man gik,
Da sov de Alle,
Men Søvn ej vilde
Paa Gunnar falde.

13. Foden sparked
Og Munden gik,
Den Hærøder ej
Af Tanke fik,
Hvad Ørn og Ravn
I Uenighed
Gjentog begge,
Da hjem Man red.

14. Men Budles Datter
Vaagned paany,
Den Skjoldungfrue,
Før Dagens Gry:
"Hidse I mig

Eller hindre I mig —
Det onde Raad
Er fuldendt Daad —
Min Sorg at klage,
Mit Liv at tage?

15. Saa talt! Og Tavshed
Alle trykker,
Thi lidet behaged
De Kvindenykker;
Den Daad med Taarer
Nu hilset blev,
Til hviken hun leende
Mændene drev.

16. "Gunnar! Jeg drømte
Fælt i Nat,
Det frøs i Salen
Og Kulden mig fat
I Sengen tog.
Dig Konge jeg saae
Bedrøveligt ride,
Med Lænker paa
I Fjendens Følge:
Saa Magten skal ødes
For Niflunger alle,
Thi Ederne brødes."

17. "Ej droges Du, Gunnar!
Grant til Minde,
At Blod i Sporet
I begge lod rinde;
Nu haver Du lønnet
Ham derfor ilde,
At bedste Mand
Han findes vilde."

18. "Det viste sig, da
Til Hjemmet mit
Han gjorde sit dristige
Bejlerridt,
Hvorledes den Hærens
Fordærver stolt
Sin Ed mod Kongen
Den unge holdt."

19. "Da lagde den herlige
Konge sin Klinge
Imellem os, prydet
Med gyldne Ringe,
Paa Eggene hærdet
Af Ildens Kraft,
Paa Fladerne ætsed
Med Eddersaft."

Her er fortalt i dette Kvad om Sigurds Død, og gaaer det her ud paa, at de dræbte ham i fri Luft; men Nogle sige, at de dræbte ham inde, sovende i Sengen; men Tydske Mænd sige, at de dræbte ham ude i Skoven, og i det gamle Gudrunekvad hedder det, at Sigurd og Gjukes Sønner vare redne til Thing, da han blev dræbt. Men det fortælle Alle eensstemmende, at de svege ham forræderisk, og overfaldt ham liggende og uforvarendes.

29. Brynhilds Helfart

Efter Brynhilds Død blev der oprejst tvende Baal, det ene for Sigurd, og det brændte først, men derefter blev Brynhild brændt; hun var i et Kjøretøj, som var omhængt med Tempelpurpur. Man siger, at Brynhild agede med dette Kjøretøj paa Helvejen, og kom igjennem et Hjemsted, hvor en vis Gyge boede.

Gygen kvad:
1. Min af Kamp
Opførte Gaard
At fare igjennem,
Ej Lov Du faaer;
Ved Væven burde
Du holde Stand,
Ej løbe efter
En Andens Mand.

2. Du løbske Væsen!
Hvi ager Du frem
Fra Vælskland hid
Til Gygens Hjem?
Hør her, Du Smukke!
For ofte Du lod.

Din Haand besudle
Af Mandeblod.

Brynhild.
3. Du Steenstueviv
Mig ikke bebrejde,
At Deel jeg tog
I Vikingefejde!
Altid bedre
Jeg er end Du
Der, hvor ret
Man kjender vor Hu.

Gygen.
4. Brynhild, Budles
Datter, Du var

Det værste Varsel,
Som Verden bar;
Øde Du lagde
Gjukes Huus,
Den Lykkebygning
Du styrted i Gruus.

Brynhild.
5. Fra Vognen vil jeg
Viis Dig gjøre:
Du lidet Vidende
Nu skal høre,
Hvorlunde blev ranet
Min Kjærlighed
Af Gjukes Børn
Og brudt blev Ed.

6. Kongen, vor Fader,
Til Egens Stamme,
Lod bære otte
Søstres Hamme;
Tolv Vintre gammel,
Du nu det veed,
Jeg Fyrsten den Unge
Gav min Ed.

7. Hilde med Hjælmen,
Det Navn jeg fik
Af Alle, til hvem
Mit Rygte gik.

8. Dernæst jeg lod
I Gothers Rige
Den gamle Hjelmgunnar
Til Hel nedstige,
Jeg Adas unge
Broder lod vinde,
For dette blev Odin
Mig gram i Sinde.

9. Skjolde i Heltelund,
Røde og hvide,
Om mig satte han
Side om Side,
Og bød, at kun han
Skulde mig vække
Af Søvne, hvem Intet
Kunde forskrække.

10. Vedfortærerens
Høje Lue
Han lod for Salen
I Syd sig bue;
Derover kun red,
Han saa det satte,
Den Helt, som bragte mig
Fafners Skatte.

11. Did, hvor min Fostrer
For Gaarde stod,
Red han paa Grane,
Gavmild og god,
Danernes Viking
Viste sig der
Som bedste Mand
I Livvagtshær.

12. Eet Leje vi begge
Hvilede paa,
Som Søster og Broder
Vi sammen laae,
I otte Nætter

Den Ene ej førte
Haanden hen
Og den Anden rørte.

13. Det lod Gudrun
Mig høre til Harm,
At sovet jeg havde
I Sigurds Arm,
Da vidste jeg, hvad
Jeg nødig vilde:
I Mandevalget
Man sveg mig ilde.

14. Mænd og Kvinder
Som fødes tillive,
Altfor længe
Strides og kive;
Men Sigurd og jeg
Hinanden finde,
Og skilles skulle
Vi ingensinde —
Nu forsvind
Du Jættekvind!

———

30. Første Gudrunskvad

Gudrun sad over Sigurds Lig; hun græd ikke som Kvinder ellers, men hun var færdig at briste af Sorg. Til hende gik baade Kvinder og Mænd for at trøste hende; men det var ikke let. Der gaaer det Sagn, at Gudrun ogsaa havde spiist et Stykke af Fafners Hjærte og derfor forstod Fuglesang. Dette er fremdeles kvædet om Gudrun:

1. Ej Gudrun fordum
Leve gad,
Da over Sigurd
Hun sorgfuld sad,
Ej Haanden sig rørte,
Ej Taaren flød,
Den Kvinde ej klaged
Som andre sin Nød.

2. Traadte da høviske
Jarler ind,
Lette De vilde
Det haarde Sind;
Til Graad de kunde
Ej Gudrun bringe,
Færdig hun var
Af Harm at springe.

3. Mangen Jarle-
frue strunk
Sad hos Gudrun
I gylden Prunk;
Enhver udsagde
Sin Hjærtekvide,
Hvoraf hun bittrest
Maatte lide.

4. Det meldte først Givløg,
Gjukes Søster:
"Til den Forsikkring

Jeg mig trøster,
At Ingen som jeg
Usalig var;
Fem Ægtefæller
Jeg mistet har,
Døttre tvende,
Otte Brødre,
Søstre trende,
Og dog mit Liv
Er ej tilende."

5. Men Gudruns Graad
Endnu ej fløtt,
Saa haardt et Slag
Var Magens Død,
Saa var hendes Hjærte
Ved Kongens Lig
Forstenet af Smerte.

6. Saa Herborg Dronning
Af Huneland:
"En haardere Harm
Jeg melde kan,
I Syden mig Sønner
Syv i Tal,
Min Mand den Ottende
Faldt paa Val."

7. "Fader og Moder,
To Brødrepar,
Mod dem en Søstorm
Troløs var,
Bølgerne foer
Over Plankebord."

8. "Selv stadsed jeg
Deres Jordefærd,

Min egen Haand
Den reded der;
I samme Halvaar
Alt det jeg led,
Da stod jeg blottet
For Kjærlighed."

9. "End ej det samme
Halvaar svandt,
Før man som Fange
I Krig mig bandt,
Hver evige Morgen
En Herses Kvinde
Jeg pynte maatte
Og Skoene binde."

10. "Af Nidkjærhed
Hun ilter blev,
Med haarde Hug
Mig stedse drev;
Aldrig jeg fandt
En bedre Herre,
Aldrig jeg fandt
En Frue værre."

11. Men Gudruns Graad
Endnu ej fløtt,
Saa haardt et Slag
Var Magens Død,
Saa var hendes Hjærte
Ved Kongens Lig
Forstenet af Smerte.

12. Da sagde Guldrand,
Gjukes Datter:
"Skjøndt klog Du er,
Ej ret Du fatter,

Min Fostermoder!
Hvorlunde Du
Til Kvinden den unge
Skal tale nu;
Jeg varede mod,
At Kongens Lig
Man hylle lod.

13. Da rev hun af Sigurd
Det Lagenvind,
Og læned mod Hustruens
Skjød hans Kind:
"See nu paa din Elskede,
Kys hans Mund,
Ret som Du favned ham
Frisk og sund!

14. Et Blik lod Gudrun
Falde ned,
I Haaret klæbede
Blodig Sved,
Hans funklende Øje
Var slukket nu,
Hans Bryst af Klingen
Var flænget itu.

15. Da sank den Svage
Mod Bolstret tilbage,
Haarbaandet løsnedes,
Kinden blev rød,
En Regndraabe randt
I hendes Skjød.

16. Nu først Gudrun
Taarer fandt,
Graaden sprengte
Sit Baand og randt;
Da skrege fra Gaarden
I samme Sæt
Gjæssene, Fruens
Fortrinlige Dræt.

17. Det sagde Guldrand,
Gjukes Datter:
"Stærkest jeg Eders
Kjærlighed skatter
Blandt alle Menneskers
Over Mulde;
Aldrig kunde Du,
Søster! tilfulde
Ude og inde
Ved Noget Dig fryde,
Med mindre Du maatte
Med Sigurd det nyde."

18. De Ord da Gudrun
Høre lod:
"Blandt Gjukes Sønner
Min Sigurd stod,
Som op af Græsset
Liljen god,
Som reen Karfunkel
Monne stande
Fra Baandet frem
Paa Kongens Pande."

19. "Mig monne Fyrstens
Mænd da prise,
Anselig fremfor
Herjans[1] Dise;

---

[1] Et af Odins Navne.

Nu, han er død,
Jeg klein mig smyger,
Som Skovens Løv
For Vinden fyger."

20. "Jeg savner i Sædet,
Jeg savner paa Lejet,
Den Omgangsven
Min Tro har ejet,
Og Gjukes Sønner
Dette voldte,
Ja, Gjukes Sønner
Ene voldte
Den Uselhed,
Som nu mig rammer,
Deres Søsters
Bittre Jammer."

21. "Troløst Land
Og Folk skal ødes,
Som de svorne
Eder brødes;
Fryd Dig ej
Ved gyldne Ringe,
Gunnar! Dig de
Døden bringe,
Thi Du svor
Sigurd fordum
Eden stor."

22. "Før var Glæden
Hjemmets Vane,
Dengang min Sigurd
Sadlede Grane,
Og bort de rede
Ulykken ivold,
At bejle til Brynhild
Den lede Trold."

23. Men Brynhild Budles
Raabte paa Stand:
"Den Hex skal aldrig
Faa Børn og Mand,
Som skaffed Dig Gudrun
Idag din Graad,
Og fandt for dit Mæle
Trylleraad."

24. Ej Guldrand lod
Paa Svaret bie:
"Du Folkeskræmsel,
Med Sligt Du tie!
Ædlingers Norne
Stedse Du var,
Hver Ulykkesbølge
Dig tumlet har,
Syv Konger voldte Du
Bitter Harm
Og dræbte Glæden
I Hustruens Barm."

25. Men Budles Datter
Brynhild hende
Svared atter:
"Min Broder til Ondet
Ophav var,
Atle, hvem Budle
Avlet har."

26. "Da Kongen i Huners
Hal vi saae,
Med luende Guld
Fra Ormens Vraa,
Det Møde jeg siden
Undgjældt har,
Aldrig det Syn
Af min Tanke var."

27. Tæt ved en Søjle
Brynhild stod,
Heftigt favnede
Hun dens Fod,
Blikket paa Sigurds
Saar lod falde,
Da gnistrede Øjet,
Hun spyede Galde.

Gudrun drog bort derfra gjennem Skove og Ødemarker lige til Danmark, hvor hun opholdt sig halvfjerde Aar hos Thora Hakonsdatter. Brynhild vilde ikke overleve Sigurd. Hun lod dræbe otte af sine Trælle og fem Trælkvinder, og derpaa gav hun sig selv Døden med Sværdet, saaledes som fortalt er i det mindre Sigurdskvad.

31. Niflungernes Drab

Gunnar og Høgne toge da alt Guldet, Fafners Arv. Der var Ufred mellem Gjukungerne og Atle, thi denne gav Gjukungerne Skyld for Brynhilds Død. De forligtes paa det, at de skulde give ham Gudrun tilægte, og hende indgave de en Glemselsdrik, førend hun sagde ja til Giftermaalet med Atle. Erp og Eitil vare Atles Sønner, men Svanhild var Sigurds og Gudruns Datter.

Kong Atle bød Gunnar og Høgne hjem til sig; hans Sendebud var Vinge eller Knefrød. Gudrun vidste, at der var Svig under, og sendte dem Bud i Runer, at de skulde ikke komme, og til Jertegn sendte hun Ringen Andvaresgave til Høgne med et ibundet Ulvehaar.

Gunnar havde friet til Atles Søster Oddrun, men fik hende ikke; siden tog han Glømvar. Høgne var gift med Kostbera; deres Sønner vare Solar, Snævar, Gjuke.

Da nu Gjukungerne kom til Atle, bad Gudrun sine Sønner, at de skulde bede for Gjukungernes Liv; men det vilde de ikke. Af Høgne blev Hjærtet udskaaren; men Gunnar blev kastet i Ormegaarden; han slog sin Harpe og inddyssede Ormene, men en Øgle stak ham dog i Leveren.

32. Andet Gudrunskvad

Kong Thjodrek var hos Atle, og havde der mistet de fleste af sine Mænd. Thjodrek og Gudrun klagede deres Sorger for hinanden. Hun talte og sagde:

1. Som Jomfru skjær
I Buret jeg sad,
Fostret af Moder,
Ved Brødre glad,
Til Gjuke med Guld
Mig styrede ud,
Mig styrede ud
Som Sigurds Brud.

2. Blandt Gjukes Sønner
Sigurd knejste,
Som Urt der over
Straa sig rejste,
Som højbenet Hjort
Blandt Vildt man saae,
Som luerødt Guld
Mod Sølvet graa.

3. Indtil mine Brødre
Mig vilde fornegte
At have saa udvalgt
Mand tilægte,
I Seng og Sæde
Ej Ro de fandt,
Før Sigurds Liv
De fra ham vandt.

4. Til Thinge løb Grane,
Der hørtes et Gny,
Men Sigurd selv
Kom ikke til By,
I Skum man alle
Gangerne saae
Tilrakkede, som
Fra Strid de gaae.

5. Grædende gik jeg
Til Grane ud,
Med vaade Kinder
Jeg bad den om Bud:

Den luded og gjemte
Sit Hoved bag Kviste,
At Herren var død,
Det Hesten vidste.

6. Længe jeg vakled
Og uvis bæved,
Før jeg Besked
Af Føreren kræved.

7. Gunnar skulede,
Høgne gav Svar,
Hvorledes Sigurd
Ombragt var:
"Til Bytte for Ulve
Er slagen ned
Guthorms Bane,
Ved Flodens Bred."

8. "Sigurd mod Sønden
Søge Du kan.
Der, hvor Du hører
Over din Mand
Ravne skrige,
Ørne skrige,
Ulve tude,
Aadselrige."

9. "Høgne! hvor kunde
Du nænne slige
Rædsomme Ting
Mig Arme at sige?
Gid Ravnene maatte
Dit Hjærte slide
Langt borte fra Folk
Over Landet vide."

10. Men Høgne svared —
Den ene Gang
Sorgens Vælde
Hans Mod betvang —:
"Gudrun! hvis Ravnene
Sled mit Hjærte,
Vilde det vist
Forøge Din Smerte."

11. Fra Stævnet monne jeg
Eensom vanke,
For Ulvenes Levninger
Op at sanke;
Ej Hænder jeg vred
Med Graad og Skrig,
Da sulten jeg sad
Ved Sigurds Lig,
Ej tog jeg Paa Veje
Med Klynk og Klage,
Som Kvinder pleje.

12. Ved Sigurd sad jeg
I kvalfuld Døs,
Da tyktes mig Natten
Maaneløs;
Naar Ulvene blot
Mig vilde æde,
Saa syntes mig dette
Den største Glæde,
Eller jeg kunde
Til Ilden bæres,
Og brat som Birkens
Ved fortæres.

13. Fem samfulde Døgn
Fra Fjæld jeg rejste,
Til Hallen hos Half

For mit Øje knejste,
Syv Halvaar sad jeg
I Enkestand,
Hos Thora Hakons
I Danmarks Land.

14. Hun virked i Guld,
Mig at husvale,
Danske Svaner
Og sydlandske Sale.

15. Ædlingers Lege
Vi bildede der,
Kongens Thegner,
En kunstig Færd,
Huniske Kjæmper,
Røde Skjolde,
Sværdfolk, Hjælmfolk
I Følget sig holde.

16. Sigmunds Skibe
Skride fra Havn,
Med gyldne Master
Og udskaaren Stavn;
Med Sieggeir sydlig
I Fives Land
Sigar kjæmper
Paa Teppets Rand.

17. Da spurgte Grimhild,
Den gothiske Kvinde,
Hvorledes jeg monne
Mig nu befinde:
Hun kastede Væven,
Lod Sønnerne hente,
Indtrængende spurgte,
Om det var at vente,

At Søstren de vilde
Sønnen bøde,
Og gjælde for Manden,
De sloge tildøde.

18. Gunnar var rede
Til Guld at byde,
Høgne med ham
Vilde Bøder yde;
Hun fritted, hvo villig
Var at gaae,
For Heste at sadle,
Vogne faae,
Gangere ride,
Høge opsende,
Pile lade
Fra Taxbuen rende.

19. Da Valdar Danske
Med Jarislev,
Den tredje Ejmod
Og Jariskar
Ind saae jeg stige,
Konger lige;
I røde Peltse
De sig svøbte,
Blanke Brynjer
Og Hjælme støbte
Bare alle de
Langbards Helte,
Rødbrune Lokker
Og Skalmsværd i Belte.

20. Alle da vilde
Skjænk mig føre,
Skjænk mig føre
Og smigre mit Øre,

At sikkre de kunde
Mig Bod for Sorgen,
At Lid jeg fæsted
Til denne Borgen.

21. En Drik mig Grimhild
At nyde bad,
Isnende bitter,
Til Glemsel af Had,
Den Drik var styrket
Med Jordens Kraft,
Med svalkold Sø,
Med Soningssaft.

22. Ristede, rødnede
Monne stande
Alskens Runer
Paa Hornets Rande,
Alle de overgik
Min Forstand:
Den lange Lyngfisk
Fra Haddingers Land,
Axets Vippe,
Dyrets Slippe.[1]

23. Af fæle Ting
Den Drik bestod,
Saft af Træer,
Arnens Sod,
Dyrs Indvolde
Fra Offerdøden,
Agern, Svinets
Lever søden;

Ved den der øves,
At Hadet døves.

24. Drikken jeg nød,
Da var i Forglem,
Hvert Ord af Sigurd
I fordums Hjem;
Ind for mig trende
Konger gik,
Før selv hun mig
I Tale fik.

25. "Guld, jeg Gudrun!
Dig overlader,
Arv i Mængde
Efter din Fader,
Lødvers Borge,
Ringe røde
Og Sigurds Saltøj,
Før han døde."

26. "Hunske Piger
Som Guldstads lave
Og væve med Spjæld
En lystelig Gave;
Til Budles Rigdom
Vi styre Dig ud,
Den raader Du ene
Som Atles Brud."

27. "Ikke ønsker jeg
Ægtestand,
End mindre Brynhilds

---

[1] De tre Runer ere rimeligviis: Þ (Torn) ᚠ (Frø) og ᚢ (Ur) d. e. Forbogstaverne til Navnene Thor, Frey og Odin.

Broder til Mand;
Med Budles Søn
At nyde Livet
Og øge Slægten
Er mig ej givet."

28. "Til Herrerne ikke
Du Had skal bære,
Vi selv den sande
Aarsag ere;
Og føder du Søn,
I ham, min Datter!
Sigurd og Sigmund
Dig leve atter."

29. "Ej jeg paa Glæden
Mig ind kan vælte,
Ikke jeg regner
Paa nye Helte,
Siden Ravne
Og Aadselpak
Gruligen Sigurds
Hjærteblod drak."

30. "Den Konge blandt Alle
Jeg byrdigst fandt,
I andre Maader
Han Bifald vandt;
Hav ham, indtil
Dig Ælde betager,
Men mandløs vær,
Hvis ham Du vrager!"

31. "Du vogte Dig for,
Med slig en Vægt
Paa mig at nøde
Den Ulykkesslægt:

Visselig volder han
Gunnars Fald,
Hjærtet af Høgne
Han rive skal,
Jeg selv ej helmer,
Før livsuforsagt
Den Sværdlegs Kjæmpe
Af Live er bragt."

32. Grædende Grimhild
Greb det Ord,
Som Sønnerne varsled
Et ynkeligt Mord
Og hele Slægten
Saa stor Fortred:
"Jeg skjænker Dig Land
Og Folk dermed,
Vinbjerg og Valbjerg,
Hvis Ja Du vil give,
Brug dem med Helsen,
Mens Du er ilive."

33. "Velan! Af Konger
Jeg denne vil have,
Men takker ej Slægten
For slig en Gave,
Ikke jeg Manden
Min Yndest lover,
Ved Brødrenes Drab
Sine Børn han vover."

34. Snart Allemand
Tilhest Man saae,
Og Vogne med Vælske
Fruer paa;
Syv Dage vi rede
I Kuldens Land,

Syv andre vi pløjede
Bølgernes Vand,
Saa fore vi syv
Paa det tørre Land.

35. Der Portens Vogtere
Aabnede Lede
For højen Borg,
I Gaarde vi rede.

———

36. Atle mig vækked —
Just Frændernes Død
Mig onde Paafund
I Tankerne gjød.

37. Sligt Norner ham nys
Velvilligen spaaede,
Han vaagned — og jeg
Skulde Varslerne raade:
"Jeg drømte, Gudrun!
Du monne mig stinge,
Gjukes Datter!
Med giftig Klinge."

38. "Jern tyder paa Ild
Og Kvindevrede,
At Knipskhed og Elskov
Er Dig tilrede;
Jeg tænder hos Dig
En Elskov hed,
Den lindrer og læger,
Skjøndt Du er mig led."

39. "Jeg syntes, i Haven
Mig gik til Spilde
De Ymper, som gjerne
Jeg drive vilde,
Revne med Rode
Med blodige Pletter,
Baarne for Borde
Til mig som Retter."

40. "Jeg syntes, at Høge
Mig fløj fra Hold,
Ikke med Bytte
Men Døden ivold;
Men Høgenes Hjærter,
Blodige raa,
Bedrøvet jeg aad
Med Honning paa."

41. Saa syntes det mig,
At Hvalpe tvende
Ynkeligt hylende
Slap mig af Hænde,
Til Aadsel forvandledes
Hvalpenes Kjød,
Nødtvungen den ækle
Spise jeg nød."

42. "Snart paa Salsgulvet
Mændene møde,
Da skulle Høveder
Hovedet bøde,
Kort før Dag,
Om nogle Nætter,
Man vist dem fælder
Og Folket mætter."

———

43. Ej vilde jeg siden
Med Sligt for Øje
I Ægtesengen
Sove og løje. —
Nu staaer det mig klart,
Jeg gjør det snart.

33. Tredje Gudrunskvad

Herkja hed Atles Terne, som havde været hans Frille. Hun fortalte Atle, at hun havde seet Thjodrek og Gudrun ene to; han blev da heelt bedrøvet.

Men Gudrun kvad:
1. Hvad stikker Dig Atle,
Budles Søn!
Gnaver Dig nogen
Sorg i Løn?
Aldrig mere
Man hører Dig lee!
Jarlerne vilde vist
Hellere see,
Om nu du talte
Med dine Mænd
Og saae til mig
Engang igjen.

Atle.
2. Det plager mig, Gudrun!
Hvad nys i Hal
Mig Herkja meldte,
At Thjodrek skal
Under samme Tag
Som Du sig lægge,
Og lette Lin
Eder hylle begge.

Gudrun.
3. For Dig jeg sværger
Mig deri reen
Ved Ed paa hiin hvide
Hellige Steen,
At Intet med Thjodmar
Skaffet jeg har,
Som Ægteherrens
Og Mandens var.

4. Een eneste Gang
Omhalsed jeg blot
Den skyldfri Konge,
Hærens Drot;

Langt andre Ting
Vi taled om,
Da begge i Sorg
Vi sammen kom.

5. Hertil kom Thjodrek
Med tredive Mænd,
Af Tredve ej lever
En Eneste end;
Kald hid dine Brødre
Og Brynjeklædte,
Lad Hovedfrænder
Om mig være stedte.

6. Og hent saa Saxe,
Den Sydmænds Drot,
Han signer en sydende
Kjedel godt.

7. Syvhundrede Mand
Til Salen drog,
Før Kongens Hustru
I Kjedel tog.

Gudrun.
8. Nu kommer ej Gunnar,
Ej Høgne jeg kalder,
Aldrig mit Blik
Paa de Elskede falder,
Med Sværd vilde Høgne
Slig Uret møde,
Jeg selv maa rense
Mig nu fra Brøde.

9. Sin hvide Haand
Tilbunds hun stak,
De ædle Stene
Op hun trak:
"See, Mænd! Det Hellige
Fri mig kjender,
Sydende Kjedlens
Vand sig vender."

10. Men Hjærtet lo
I Atles Barm,
Da heel han skuede
Gudruns Arm;
"Nu Herkja skal
Til Kjedlen gange,
Hun som tænkte,
Gudrun at fange."

11. Den slap for et ynkeligt
Syn at faae,
Som Herkjas skoldede
Hænder ej saae;
Til fulen Sump
De Ternen mon lede,
Gudruns Krænkelse
Fyldest skede.

34. Oddruns Klage

Heidrek hed en Mand, hans Datter Borgny og hendes Elsker Vilmund. Borgny kunde ikke blive forløst med Barn, før Atles Søster Oddrun kom hende til Hjælp. Om denne Fortælling er saa kvædet:

1. I gamle Sagn
Jeg hørte om,
Hvorledes en Pige
Til Mærskland kom,
Intet Menneske
Der de funde,
Som Heidreks Datter
Hjælpe kunde.

2. Det Oddrun Atles
Søster erfoer,
At Kvindens Lidelse
Var saa stor;
Den Bidseltamme
Fra Stald blev bragt,
Saddelen paa
Den Sorte lagt.

3. Sin Hest ad Sletten
Hun springe lod,
Til Hallen høj
For hende stod.
Den slunkne Ganger
Hun sadlede af,
Og op i Salen
Sig strax begav.
Af Munden foer
Flux dette Ord:

4. "Hvad gaaer paa Tale
Blandt Mand og Mand,
Hvad Nyt er varmest
I Huneland?"

5. "Her Borgny ligger,
Oddruns Veninde,

255

Af Værk betagen,
Søg den at lindre!"

6. "Hvo er den Fyrste,
Som har Dig lokket,
Hvorfor er Borgnys
Vee forstokket?"

7. "Vilmund han hedder,
Høgbæreres Ven,
Han svøbte Pigen
Fem Vintre hen
I varme Lagen,
Men for sin Fader
Hun dulgte Sagen."

8. Jeg troer, de talte
Ej mere om dette,
Hun satte sig blidt
Hos Pigen tilrette;
For Borgny Oddrun
Mægtigen goel,
Kraftige Galdre
Stærkt hun goel.

9. Dreng og Pige
Til Jordlivet gik,
Ved Høgnes Bane
De Børn hun fik.
Den dødsyge Kvinde
Da udbrød —
Ej Ord fra hende
Før dette lød:

10. "Saa hulde Aander
Til Hjælp dig være,
Frigg og Freya
Og Guder flere,

Som Du fra Haande
Mig fældte min Vaande."

Oddrun.
11. Jeg nedlod mig
Til Hjælpen her,
Skjøndt ingensinde
Du var det værd;
Jeg loved og holdt
Hvad hist jeg sagde,
Dengang Ædlinge
Arv udlagde,
At hjælpe jeg skal
I hvert et Fald.

Borgny.
12. Du raser Oddrun,
Hvor er din Forstand,
At fjendtligt Du mig
Tiltale kan,
Mig, der i Livet
Fulgte Dig tro,
Som vare vi Børn
Af Brødre to.

Oddrun.
13. Dit Ord fra hiin Aften
I Minde jeg har,
Da Bægeret jeg
Til Gunnar bar:
Du sagde, at dette
Ingensinde
Mig eftergjorde
Nogen Kvinde.

14. Da satte sig Pigen
Mod i Hu,

Sin sorgfulde Skjæbne
Fortalte hun nu:

15. I Kongens Sale
Som Barn jeg dvæled,
Alle som Een
For mig de kjæled,
Livet i Faders
Huus jeg nød
Fem Vintre, indtil
Min Faders Død.

16. Før heden den trætte
Konge foer,
Mælte han disse
Sidste Ord:

17. Med Guld de skulde
Mig styre ud,
Grimhilds Søn
I Syden til Brud;
Ej vorded i Verden
Saa ypperlig Kvinde,
Hvis Skjæbnen til Sligt
Ej negted sit Minde.

18. Virkende Brynhild
I Buret sad,
Ved Land og Folk
At eje glad,
Paa Jord og i Himmel
Ej Ufred at ane:
Da slumped til Borgen
Fafners Bane.

19. Sit Slag den vælske
Klinge slog,
I Brynhilds brudte
Borg han drog.
Men, intet Under,
Kort derpaa
For hende Svigen
Aaben laae.

20. Sligt hun haardelig
Hævne lod,
Det fik vi at føle
Til Overflod;
Rundt om Menneskens
Lande foer
Ryet af Sigurds
Og hendes Mord.

21. Men jeg kom til
At elske tilfulde
Ringbryderen Gunnar,
Som Brynhild skulde.
Brynhild maatte
Nu Hjælmen bære,
En Ønskemø, sagde han,
skulde hun være.

22. Snart bød de min Broder
Ringe røde,
Ej uanselig
Var denne Bøde,
End femten Gaarde
Han bød for mig
Samt Granes Last,
Hvis han kvemmede sig.

23. Men Atle aldrig
I sine Dage
Brudkjøb vilde

Af Gjukunger tage;
Dog ej vi magted
Vor Elskovs Vælde,
Jeg maatte mit Hoved
Til Kongen helde.

24. Blandt Frænderne gik
Der Tale om,
Hvor tidt man over
Os begge kom;
Men Atle sagde,
At aldrig jeg vilde
Forsee mig i dette
Og Æren spilde;
Sligt aldrig forsværge
Man skal for en Anden
Der, hvor Elskov
Er Voldgiftsmanden.

25. Atle da monne
Spejdersvende
Ad mørken Skov
Mod mig udsende;
Did de kom,
Hvor man nødig dem saae,
Der, hvor vi begge
I Lagen laae.

26. Mændene bøde vi
Røde Ringe,
At Sligt de skulde
For Alle ej bringe;
Hidsigen disse
Hjem sig skyndte,
Ivrigen Atle
Alt forkyndte.

27. For Gudrun blev dette
En Hemmelighed,
Langt hellere burde hun
Vidst Besked.

28. Det dundred under
Gyldensko,
Da Gjukunger red
Over Borgebro.
Hjærtet Man ud
Af Høgne skar,
Til Ormegaarden
Den Anden bar.

29. Jeg just til Gejrmund
Engang igjen
For Gilde at rede
Var dragen hen.
Sin Harpe lod runge
Den horske Konge,
Det tænkte den højbaarne
Konge paa,
At jeg til Hjælp
Ham skulde gaae.

30. Ude fra Hlesø
Kunde mit Øre
Klangen af stride
Strenge høre.

31. At holde sig rede
Jeg Ternerne bød,
Fyrsten vilde jeg
Frelse fra Død;
Færgen paa Sundet
Vi flyde lode,

Til Atles Gaarde
For os stode.

32. Frem Atles Moder
Da skjælvende skred,
Den Usle! I Sumpen
Hun burde ned!
I Gunnars Hjærte
Hun bored sig fast,
Ædlingens Frelse
Af Haand mig brast.

33. Det undred mig ofte,
At jeg, en Kvinde,

Siden mig kunde
I Livet finde,
Skjøndt Helten den Djærve
Jeg visselig har
Elsket, som om
Mig selv han var.

34. Du sad og lytted,
Imedens jeg sang
Om min og Andres
Lidelsesgang.
Sin egen Lyst
Jo har Enhver,
Oddruns Klage
Ender her.

35. Atlekvadet
eller Gudruns Hævn

Gudrun Gjukesdatter hævnede sine Brødre saaledes, som vide berømt er vorden. Først dræbte hun Atles Sønner, derefter dræbte hun Atle og afbrændte Salen med alle Hirdmændene. Herom er digtet dette Kvad.

1. For Atle fordum
Til Gunnar red
En kyndig Mand,
Som Knefrød hed,
I Gjukes Gaarde
Han kom tilstede,
Til Gunnars Hal
Til Bænkesæde,
I aaben Kreds
Til Gildets Glæde.

2. Viin i Valhallen
Hofmænd drak,
Bag Tavshed hine
Sig end forstak,
Huners Vrede
Frygt indgjød;
Knefrød den Sydmand
Tavsheden brød,
Koldt hans Røst
Fra Højbænk lød:

3. "Hid mig Atle
I Ærinde sender,
Igjennem Mørkved,
Som Vej ej kjender,
Paa bidseltyggende
Ganger vi rede;
Eder, Gunnar!
Jeg skulde bede,
I aabne Hjælme
Eder at klæde

Og drage som Gjæster
Til Atles Sæde."

4. "Der I gyldne
Hjælme, Skjolde
Og skavede Landser
Kunne erholde,
Pantsersærke
I farvet Pragt,
Vaaben, som trodse
Spydenes Magt,
Sølvergyldne
Saddeldækker,
Bidslede Gangere,
Huners Rækker."

5. "Land han ogsaa
Vil give Eder,
Gnitas vidt
Udstrakte Heder;
Danpes Stad,
De prægtige Skove,
Som Mørkved kaldes,
Jeg Eder kan love;
Klingende Spyd
Og Kostbarheder,
Gyldne Stavne
Han skjænker Eder."

6. Til Høgne Gunnar
Sig vendte paa Stand:
"Hvad raader Du os,
Du yngre Mand!
Til nu at gjøre,
Da Sligt vi høre.
Ej Guld paa Gnitas
Hede jeg kjender,

Som vejer mod Guldet
I vore Hænder."

7. Fulde af gylden-
hjaltede Sværd
Syv Vaabensale
Eje vi her;
Min hvasse Klinge,
Min Ganger mig hue
Af alle bedst,
En Pryd er min Bue,
Af Guld jo vore
Brynjer ere,
De hvideste Hjælme
Og Skjolde vi bære,
Komme alle
Fra Hallen hos Kjar,
Ej Een blandt Huner
Som mine dem har."

8. "Hvad tænker Du Kvinden
Havde i Agt,
Hun sendte en Ring
I Ulvedragt?
Jeg tænker, hun os
Forsigtighed bød;
Thi knyttet fandt jeg
I Ringen rød
Et Ulvehaar,
Ad Ulvevej
Den Rejse nok gaaer.

9. Ej Slægt eller Frænde
Gunnar egger,
Ej Rigmand, Raadmand
Og Tegnsudlægger.
Hvad Kongen paa Gilde

Prud anstod,
Det bød nu Gunnar
I højen Mod.

10. "Fjørner stat op!
Lad Svende med Ære,
Guldskaaler for Borde
Til Skjaldene bære."

11.[1] "Ulven skal raade
Med gamle Ravne
For Niflungers Arv,
Om Gunnar vi savne;
Brunpelsede Bjørne
Høsten forøde
Til Rovdyrs Glæde,
Om Gunnar døde." —

12. Ædle Herrer
Udfulgte med Sorg
Landstyreren, Huners
Opegger, af Borg;
Høgnes Arving
Tilønsked dem saa:
"Hilsen og Sundhed
Hvorhelst I gaae!"

13. Over Fjæld gjennem Mørkved,
Den uvejbare,
De Kjække bidslede
Heste lod fare;
Hunmarken rysted,
Hvor Heltenes Mod
De Tugtskye paa Grønsletten
Springe lod.

14. Nu Tinderne saae de
I Atles Lande,
Og Bikkes Skjalde
Paa Højborg stande;
Sydmænds Sal,
Hvor Skjold ved Skjold
Langs Bænkene lyste,
En Spyddøvervold,
Der Vinen blev Atle
I Valhallen bragt,
Men udenfor Krigere
Stode paa Vagt,
Med gjaldende Spyd
Til Kampen rede,
Hvis Gunnar mandstærk
Kom der tilstede.

15. Først deres Søster,
Heelt ædru hun var,
I Salen saae træde
Det Broderpar:
"Forraadt er Du Gunnar!
Hvad mægter Du kry
Mod Hunernes Rænker?
Af Hallen Du fly!"

16. "Langt bedre Du foer
I Brynje frem,
End aabenhjælmet
Til Atles Hjem;
Bedre i solklare
Dage Du Sæde
I Sadlen tog,
Lod Norner begræde
Faldne Mænd

---

[1] Dette Vers er vel Skjaldenes Sang.

Med Dødens Farve,
Lod Huniske Skjoldmøer
Lære at harve,
Og kasted Atle
I Ormegaard;
Beredt for Eder
Nu denne staaer."

17. "For seent nu, Søster!
At sammenkalde
Niflungers Skare!
Lang vilde falde
Vejen til Hjælp
For Kjæmper bolde
Hid fra Rhinens
Fjælde golde."

18. Borgundernes Venner
Gunnar greb,
I Fjædre ham satte
Og faste Reb.

19. Syv hug Høgne
Med hvassen Sværd,
I Ilden han kasted
Den Ottende der;
Saa skal den Kjække
Med Fjender stride.

20. Saa kjæmpede Høgne
Ved Gunnars Side:
Man Gotherdrotten
Det Vilkaar satte,
At kjøbe Livet
Med sine Skatte.

21. "Først Hjærtet ud
Af Høgnes Liv,

Blodigt skaaret
Med smertefuld Kniv
Af Kongesønnens
Bryst det bolde,
Her jeg i min
Haand vil holde."

22. Af Hjalle de Hjærtet
Blodigt skar,
Paa Fad det lagde,
Til Gunnar bar.

23. Gunnar, Mændenes
Drot, da kvad:
"Her Hjærtet af Hjalle
Den Fejge vi have,
Uligt Hjærtet
Af Høgne den Brave;
Thi meget det bæver
Lagt paa Fad,
Halvt mere, da end
I Bryst det sad."

24. Høgne lo,
Da Man Hjærtet udskar,
Ret som hans Bryst
Nu et Skjoldmærke bar;
Paa Klynk og Klage
Han ej gav Agt,
Blodigt paa Fad
Det Gunnar blev bragt.

25. Den herlige Niflung-
Kriger kvad:
"Nu Hjærtet af Høgne
Den Brave jeg seer,
Ej det som Hjalle

263

Den Fejges sig teer,
Thi lidet bæver det
Nu paa Fad,
End mindre medens
I Bryst det sad."

26. "Gid Atle saa langt
Af Syne fra mig
Du var, som Skatten
Skal være fra Dig;
Ved Høgnes Død
Er til Værge jeg sat
For hele den skjulte
Niflungeskat."

27. "Tvivlsomt det var,
Da vi levede baade,
Nu er jeg ene
Og ene kan raade;
Rhinen skal gjemme
Mændenes Tvist,
Den gudlige Niflunge-
Arv, med List,
Guldet skal blankes
I vældende Vande,
Aldrig paa Huner
Glindsende stande."

28. "Nu frem de rullende
Vogne I kjøre,
Lænkebunden
I Fangen føre!"

29. Svogren, den mægtige
Atle, mon ride

Den manrige Glam
Med Landsen ved Side.
I Hallens Tummel
Knap kunde sig væbne
Gudrun mod Graad
Over Heltenes Skjæbne.

30. "Saa times dig, Atle!
Som Eder dig bandt
Til Gunnar, dem tidlig
Og ofte Du vandt[1]
Ved Ullers Ring,
Ved Solens Sydgang,
Ved Sejrgudens Tinde,
Ved Hvilens For-Gang;
Du Hestetumler
Til Døden dog
Helten, Skattens
Vogter, drog."

31. Folkene Drotten
Levende ned
I Gaarden satte,
Hvor Ormene skred;
Da Gunnar slog
I harmfuldt Mod
Harpens rungende
Strenge med Fod.
Saa skal Ringenes
Giver den bolde
Mod andre Mænd
Paa Guldet holde.

32. Men Atle lod
Fra Mordet rende

---

[1] "vinde" en Ed, d. e. aflægge.

Sin vilde Ganger,
For hjem at vende;
Der larmed i Gaarden,
Af Heste trang,
Hedekrigernes
Vaabensang.

33. Med Guldkalk Gudrun
For Atle gaaer,
I dunkel Tale
Ham Gjengjæld spaaer:
"Glæd Dig, Fyrste!
De Faldnes Minder
Du her i din Hal
Hos Gudrun finder."

34. De viintunge Bægre
Hos Atle klang,
Da Huner i Hal
Holdt Mandetal,
Sidskjæggede Mænd
Med krigerisk Gang.

35. Med straalende Aasyn
Blandt Fyrsterne gik
Den strenge Frue
Og skjænkede Drik;
Hun valgte dem nødig
En kostelig Bid,
Den blegnende Atle
Forkynder hun Nid:

36. "I Honning spiste
Du, Sværdbelønner!
Nysslagtede Hjærter
Af dine Sønner;

De Kraaser, Du Kjække
Til Drikken nød
Og sendte til Højbænks,
Var Menneskekjød."

37. "Ej mere Du kalder
For Dig ind
Erp og Eitil,
Muntre i Sind,
Ej mere Du skuer
Fra Midtersæde
Dem, der skjænkede
Guld med Glæde,
Manker at studse,
Heste at tumle,
Spydskafter at pudse."

38. Med Larm man op
Fra Bænkene sprang,
Sky forstummede
Mændenes Sang,
Langs Purpurbehænget
Et Bulder lød
Og Huners Børn
I Graad udbrød —
Ej Gudrun: thi hendes
Taarer fløde
Hverken da bjørnhaarde
Brødre døde,
Ej heller over
De unge Gutter,
Som Atle hun bar,
De muntre Snutter.

39. Den svanhvide Frue
Guld udstrøede,

Huuskarle begaved
Med Ringe røde,
Lod Skjæbnen fyldes,
Reenmalmen strømme;
Den Kvinde ej ændsed
Sin Vaaning at tømme.

40. Uvarligen Atle
Sig drak fra Forstand,
For Gudrun ej vogted sig
Vaabenløs Mand;
Ofte den Leg
Ham bedre gavned,
Da ømt de hinanden
For Ædlinge favned.

41. Med Brodd i mordlysten
Haand hun øste
Paa Hyndet Blod,
Hundene løste,
Lod Karlene vække,
Haldøren tilramme
Og Ilden til Hævn
For Brødre flamme.

42. Til Ilden hun offred
Hvo inde laae,
Nys Gunnar de myrded
I skummel Vraa,
Det gamle Tømmer
Styrted for Fode,
Vaaningshuse
I Flammer stode,
Budlingers Gaarde,
I Ilden rød
Skjoldmøer fandt
En snarlig Død.

43. Nu nok om dette:
Saa væbne en Kvinde
Til Broderhævn
Sig ingensinde!
Tre Konger havde
Den Favre ombragt,
Førend hun selv
I Grav blev lagt.

Herom fortælles nøjagtigere i det Grønlandske Atledigt.

36. Det grønlandske Digt om Atle

1. I Verden spurgdes
En Rædselsdaad,
Da Mændene fordum
Lagde Raad,
I Løn udspunden
Med Eder bunden,
Dem selv ej mindre
En farlig Leg
End Gjukes Sønner,
Hvem grant de sveg.

2. Kongernes Skjæbne
Mod Gravens Rand
De skyndede frem,
Sin gode Forstand
Slet Atle brugte,
En Støtte god
Sig selv til Skade
Han fælde lod:
Han Iilbud sendte
Svogrene hurtigen
Did at hente.

3. Den flinke Frue
Anstrengte sin Tanke,
Hun hørte, hvad Tale
I Løn monne vanke,
Det kneb for den Kloge
Sin Hjælp at fremme,
Thi Buddene sejled,
Hun selv blev hjemme.

4. Runer hun risted,
Dem vrængede Vinge,
Den Uheldsfører,
Som skulde dem bringe;
Til Heltes Bolig
Ad bugtet Fjord
Atles Sendebud
Siden foer.

5. Ej aned Man Svig,
Da did de naaede,
Men tændte Ilden
Lod Glæden raade,
Den Herliges Gaver

Paa Søjlen hængte,
Ej Noget ved Sligt
Paafærde de tænkte.

6. Mødte da Høgnes
Hustru derinde,
Kostbera, en højst
Forsigtig Kvinde,
Hun hilste dem begge;
Ej heller Man savned
Ved Glæden Glømvar,
Hvem Gunnar favned;
Sin Pligt i Agt
Den Høviske tog,
For Gjæsternes Tarv
Hun Omsorg drog.

7. De indbød Høgne,
Hvis gjerne han kom —
Listen var klar,
Naar Man tænkte sig om —
Da lovede Gunnar,
Hvis Høgne fulgte,
Men Høgne ikke
Sin Ulyst dulgte.

8. Ædle Kvinder
Frembare Mjød,
Af alskens Mundgodt
Der rigeligt flød,
Hornene rundt
I Mængde gik,
Indtil fuldtnok
Man drukken fik.

9. Nu Ægtefæller
Sig Lejet imag

Redede efter
Bedste Behag.
Til Runer at skjælne
Kostbera var snild,
Hun staved dem ud
Ved den lysende Ild,
Tungen lige
At holde det galdt,
Forvildrede, svære
At raade de faldt.

10. Siden med Høgne
Tilsengs hun gik,
Et Drømmesyn
Den Milde fik,
For Fyrsten hun derpaa
Skjul ej lagde,
Saasnart hun vaagned,
Ham frit det sagde.

Kostbera.
11. Høgne! Du agter
Fra Hjemmet at gaae,
Nøjere Sligt
Du tænke paa!
Runerne kjende
Faa tilfulde,
En anden Gang
Du rejse skulde.

12. Jeg søgte din Søsters
Runer at tyde,
Ej vil den Skjønne
Jer nu indbyde;
Eet undred mig meest,
Ej kan jeg forstaae,
Hvad af den Kloge

Der kunde gaae,
At vildt hun risted,
Thi skjult det lød,
Som truede Eder
Begge Død,
Naar strax I kom:
Hun fejl har stavet,
Hvis ej en Anden
Det saa har lavet.

Høgne.
13. Mistænksom er Kvinden!
Ej dertil er Føje,
Paa Sligt jeg som skyldfri
Ej fæster mit Øje;
Det glødrøde Guld
Os Kongen vil fly,
Aldrig jeg ræddes
For Rædsels Ry.

Kostbera.
14. Det gaaer Eder skjævt,
Hvis did I stunde,
Velkomst venter Jer
Ingenlunde;
Jeg drømte det, Høgne!
Og ikke det dølger,
At Modgang I møde,
Om Værre ej følger.

15. I Lue jeg saae
Dine Lagen brænde,
Ildsøjler igjennem
Min Bolig rende.

Høgne.
16. Det Linned, her ligger,
I agte ej paa,
Snart vil det vel brænde,
Som Lagnet Du saae.

Kostbera.
17. En Bjørn saae jeg komme,
Den Stolper knækked,
Labberne rysted
Og fælt os skrækked,
Dens Flab os magtløse
Gramsed iflæng,
Der var en Staahej
Og den var streng.

Høgne.
18. Her snart et rasende
Uvejr staaer,
En Østenhagl
Din Hvidbjørn spaaer.

Kostbera.
19. En Ørn jeg syntes
I Huset fløj
Fra Ende til anden,
Den bliver os drøj;
Med Blod den os stænkte,
Saalunde tog paa,
At Atles Vardyr
I den jeg saae.

Høgne.
20. Vi slagte paa Kraft,
Det Røde da flyder,
En Ørn i Drømme
Tidt Øxne betyder;
Ærlig trods Drømme
Er Atles Id. —

Nu tav de; hver Tale
Jo har sin Tid.

21. Nu vaagned de andre
Velbaarne Tvende,
Og dem det Samme
Monne hænde,
Thi Glømvar dømte,
At Faren, som hun
Isøvne drømte,
Forholdt hendes Mage
At vende fra Rejsen
Igjen tilbage.

Glømvar.
22. Først rejst for Dig
En Galge stod,
Som om Du hænges
Skulde, det lod,
Saa syntes det mig
Jeg kom tilstede,
Hvor Orme skulde
Dig levende æde,
Nær mig tyktes
Magternes Bane;
Raad nu selv,
Hvad Sligt lader ane!

23. Man drog af din Skjorte
En blodig Klinge
[Haardt er det sin Mand
Slig Drøm at bringe],
Igjennem dit Liv
Et Spyd der stak,
Ved Enderne tudede
Ulvepak.

Gunnar.
24. Hunde her løbe,
De gjøe vel snart,
Tidt varsler Hundeglam
Spydenes Fart.

Glømvar.
25. En Elv jeg saae
Gjennem Huset strømme,
I brusende Fart
Over Bænkene svømme,
Paa begge Jer Brødre
Fødderne bryde,
Intet den skaante,
Sligt maa dog betyde.

26. Spøgelsekvinder
Jeg syntes kom hid
Inat, ej vare de
Klædte med Flid,
De vilde Dig kaare,
De hastede saare
At byde dig ind
Til deres Stade;
Jeg troer dine Diser,
Dig nu forlade.

Gunnar.
27. Bagsnak er dette,
Ej ændres Sagen,
Ej slippe vi Rejsen,
Beslutning er tagen;
Af mange Ting
Det synes dog givet,
At kort vi skulle
Kun nyde Livet.

———

28. Til Farten de Helte,
Da Dagskjæret blinked,
I Hast sig rejste,
De Andre dem sinked;
Fem fore de sammen,
Kun ti der vare —
Ilde betænkt —
I Huskarles Skare;
Høgnes Sønner
Med Faderen droge,
Snævar og Solar;
End med sig de toge
En Mand, som hed Orkning.
En Skjoldmand rar,
Der Broder til Høgnes
Hustru var.

29. Til Flodens Bred
Fruer i Stads
Dem fulgte ned;
At standse dem stadigt
De Skjønne troede,
Men ikke hine
Sig sige lode.

30. Men Gunnars Hustru
Glømvar nu
Sagde til Vinge,
Værdig i Hu:
"Mon os efter Ønske
I ville gjengjælde?
Et Gjæstebesøg
Kan være en Fælde."

31. Vinge da svor
Det farlige Ord,
At Jætter ham toge,
Om Løgn han dem bød,
Galgen hans Krop,
Om Freden han brød.

32. Til Orde nu
Bera tog,
Blid i Hu:
"Sejler med Held,
Og henter Lykke,
Skee, som jeg ønsker,
Intet det rygge!"

33. Da svarede Høgne,
Sin Slægt var han god:
"Hvad der end hændes,
I holde jert Mod!
Sligt vanligen siges
Med Forskjæl stor,
Letsindigt Mangen
Fra Hjemmet foer."

34. Til Afskeden kom,
De vexlede Blik;
Da skiftede Skjæbnen,
Og skilte de gik.

35. Mægtigt de roede,
Halvt Kjølen afrendte,
I baskende Tag
Sig for Aarerne spændte,
Og haled saa fast,
At Tollene knak
Og Baandene brast;
Ej Standsning de gjorde
Med Baaden, førend
De gik fraborde.

36. En Stund derefter —
Nu vi staae
Ved Rejsens Ende —
Sig hæve de saae
Borgen, hvor Budle
Før havde Bo;
Højt knagede Porten
For Høgnes Kno.

37. Vinge da mælte
Utidige Ord:
"Hold Jer fra Huset,
Hvor Falskhed boer,
Let fik jeg Jer fanget,
Mod Døden det stunder,
Sød var min Tale,
Men Svig var derunder;
Her kunne I bede,
Imedens jeg Galgen
Skal Eder berede."

38. Det kvad Høgne,
Han gav sig ej,
Intet ham skræmmed
Der kom ham i Vej:
"Vogt Dig, Du nødig
Os Trusler byde,
Knyer Du et Ord,
Skal det fælt Dig fortryde!"

39. De tumlede Vinge,
De slog ham ihjel,
Med Øxer uddreve
Hans gispende Sjæl.

40. I Brynjer fore
Nu Atles Mænd
Og ginge til Gjærdet
Rustede hen,
Med Ord de ypped
En heftig Kiv:
"Her lagde vi Raad,
At tage jert Liv."

41. "Daarligen have I
Raad oplagt,
Naar ej I tage Jer
Bedre i Agt;
Alt Een af Eders
Vi sendte til Hel,
Her ligger en Karl,
Som er pryglet ihjel."

42. Ved Sligt at høre
Af Harme de brændte,
Fingrene strakte,
Strængene spændte,
Bag Skjolde skarpe
Skud udsendte.

43. Om Værket derude
Man inde fik Bud,
Højt raabte for Hallen
En Træl det ud.

44. Gudrun raste,
Da Sorgen hun hørte,
Store Kjæder
Om Halsen hun førte,
Bort dem alle
Hun rev i Hast,
Slængte Sølvet,
Saa Ringene brast.

45. Ud foer hun ad Døren,
Med Lempe just ej,
Og stiled til Niflunger
Frejdig sin Vej;
Med Velkomsthilsen,
Den sidste for dem
Meent i Sandhed,
End sagde hun frem:

46. "Med Tegn jeg fraraadte
Fra Hjemmet at tage,
Men Skjæbnen ej magtes,
Hid maatte I drage."
Forstandig hun søgte
At stifte Forlig,
Men Ingen det agted,
Man vægrede sig.

47. Da saae den Højbaarne,
At Legen blev hed,
Paa Stordaad hun pønsed,
Sin Kaabe smed,
Til Brødrenes Værge
Greb blottet Sværd,
Tungt faldt hendes Haand
I Kampen der.

48. To Karle dræbtes
Af Gjukes Datter,
Til Atles Broder
Hun hug saa atter,
Man bar ham siden,
Thi saa hun slog,
At Foden fra neden
Hun fra ham tog;
Saa traf hun en Anden,
Han laae, hvor han stod,
Ej skjalv hendes Haand,
Da hun falde ham lod.

49. Den Strid, her stod,
Blev vide omtalt,
Men Gjukungers Daad
Fordunklede Alt;
De Niflunger sagdes
Til sidste Stund
At svinge Sværdet
Af Hjærtens Grund,
For Kamp at øve,
Brynjer splitte,
Hjælme kløve.

50. Fra Morgen til Middag
Førtes Striden,
Op ad Dagen
Fra Ottetiden;
Ej Kampen endtes,
Før Markerne fløde
Med Blod og atten
Mænd laae døde;
Overhaand over
Disse Svende,
Fik Beras Broder
Og Sønner tvende.

51. Mælte da Atle
Vred var han:
"I have os redet
I ynkelig Stand,
Tredive stridbare
Mænd vi vare,
Elleve leve,
En hullet Skare;
Fem Sønner Budle

Sig efterlod,
To døde og her ligge
tvende i Blod."

52. "Mægtige Svogre
I Sandhed vi tinge,
Du farlige Kvinde!
Men Nytten var ringe;
Siden Du gaves
I vore Hænder,
Var Freden sjælden, —
Jeg mister Frænder
Og sviges for Gods;
Dog værst mig rørte,
At I til Døden
Min Søster førte.

Gudrun.
53. Mindes dog, Atle,
Hvad først Du øved!
Min Moder Du Livet
For Skatten berøved,
Min Søsterdatter,
Den vakkre Sjæl,
Du lod i en Hule
Sulte ihjel;
Det løjerligt er,
Naar om Sorg Du snakker,
For ilde, det gik Dig,
Jeg Guderne takker.

Atle.
54. Kommer nu, Jarler,
Jeg ønsker, I skulde
Øge den Skjønnes
Harm tilfulde;
Strænger Jer an,

Saa Gudrun græder,
Gjerne jeg seer,
At hun ikke sig glæder!

55. Tager nu Høgne
Og flænger ham op,
Skjærer ham Hjærtet
Ud af hans Krop!
Gunnar den Glubske
Til Galgestokke
Forsvarligt l binde,
Did Orme I lokke!

Høgne svarede:
56. Gjør, som Du lyster!
Jeg glad mig føjer,
Værre jeg prøved,
Sligt let jeg døjer;
Mens vi var raske,
Vi gik Jer paa Livet,
Nu i din Vold
Er den Saarede givet.

57. Bryden Bejte
Da mælede saa:
"Hjalle vi gribe,
Lad Høgne gaae!
Halv Gjerning vi gjøre,
Han Døden bør smage,
En Usling han bliver
Dog alle Dage."

58. Ræd blev Kokken,
Fra Post han løb,
Klynkede svært
Og i Krogene krøb,
Han klaged sin Ynk,

Det var jo en Skam,
At Andres Strid
Gik ud over ham;
Saa nødig fra Svinene
Døe han gad,
Og al hans anden
Herlige Mad.

59. Budles Braser
Til Kniven de førte,
Han tuded, den Pjalt,
Før Odden ham rørte,
Endnu han kunde
Jo Marken gjøde,
Det værste Slid,
Hvis ikke han døde;
Meget glad
Skulde Hjalle blive,
Blot Man vilde
Ham lade ilive.

60. Nu sindede Høgne,
Sligt Faa kun vilde,
Til Trællens Frelse
Sig selv at stille:
"Den Leg kan jeg lettelig
Selv udføre,
Hvi skulde vi længer
Hans Skraalen høre?"

61. De grebe den Ædle,
Ej kunde med Rette
Stormodige Kjæmper
Den Gjerning opsætte;
Da lo han — en Lyd
For Alfer det var,
Saa kjækt han stod sig
Og Pinen bar.

62. Med Tærne Gunnar
Sin Harpe lod klinge,
Dens Lyd kunde Kvinder
Til Taarer bringe,
Og Kjæmper blev bløde,
Naar stærkt den klang:
Han Dronningen raaded;
Sangstavene sprang.

63. Ved Daggry de Herlige
Livet forlod,
Urokket til Enden
Forblev deres Mod.

64. Stor tyktes sig Atle,
Han over dem skred,
Gav haanlig om Harmen
Den Vakkre Besked:
"Det dages, Gudrun!
Du misted de Kjære,
Du selv for en Deel
Maa Skylden bære."

Gudrun.
65. Hoverende lægger
Du Mordet for Dagen,
Men Angeren kommer,
Ej endt er Sagen;
Den Arv har Du faaet,
Ej kan jeg det dølge;
Saalænge jeg lever
Dig Ondt skal følge.

Atle.
66. Sligt kan jeg forhindre,
Mit Raad Du lyde,
Da vorder det bedre,

Tidt Godt vi forskyde;
Med Trælle og herlige
Gaver jeg trøster,
Med sneehvidt Sølv,
Alt hvad Du lyster.

Gudrun.
67. Dit Haab er forgjæves,
Jeg vrager Alt,
Forlig jeg brød,
Som mindre galdt;
Streng var jeg før,
Men nu er det steget,
Mens Høgne leved,
Jeg fandt mig i meget.

68. I Huset vi fostrede
Bleve tilsammen,
I fælleds Lege
Vi søgte vor Gammen,
Opvoxed i Lunden,
Os Grimhild pryded
Med smukke Kjæder,
Og Guld os yded:
Du aldrig Brødrenes
Bane mig bøder,
Ingen Gjerning
Mig Gunst afnøder.

69. Dog Mandens Magtsprog
Er Kvindens Nød,
Svækket Arm
Lægger Haanden i Skjød,
Naar Roden er borte,
Kan Træet ej staae:
Nu Alt skal efter
Din Vilje gaae.

70. En Daare var Kongen,
Han troede derpaa,
Skjøndt Listen med Agt
Man lettelig saae,
Skjult kunde Gudrun
Sin Tanke holde,
Stille sig mild,
Bære tvende Skjolde.

71. Til Brødrenes Arveøl
Gjorde hun Gilde,
Atle det Samme
For sine vilde.

72. Aftalt var det,
Man lavede Gilde,
Men altfor meget
Gik der tilspilde;
Højsindet hun haardt
Mod Budlunger stred,
Tog Hævn over Manden
Med Grusomhed.

73. Hun lokked de Smaa,
Over Bjælken dem bøjed,
Sligt kun lidet
De Viltre fornøjed,
Dog græd de ikke
Men Moderen fulde
I Favn, og spurgte
Om hvad de skulde.

74. "Spørg ikke derom,
Jeg vil dræbe Jer, Drenge!
Mod Ælde at sikkre Jer
Lysted jeg længe."

75. "Dræb kun dine Børn,
Det kan Ingen forbyde,
Men hvis Du vor Barndom
Saa brat vil afbryde,
Faaer Vreden nok Hast" —
Det gik efter Sinde,
Af begge skar Halsen
Den stridige Kvinde.

76. Men Atle spurgte,
Hvorhen monne gaae
Hans Drenge til Legs,
Han ikke dem saae.

Gudrun.
77. Saa hør da! Nu er der
Ej andet Raad,
Og Grimhilds Datter
Ej dølger sin Daad,
Men naar Du erfarer
Den hele Sag,
Atle! den volder
Dig liden Behag;
Stor Vee Du vakte,
Da Brødrene mine
Af Live Du bragte.

78. Sjælden sov jeg,
Siden de faldt;
Jeg trued Dig haardt,
Og jeg husked Dig Alt.
Grant mindes jeg Morgnen,
Du bragte mig Bud,
Nu kom der en Aften,
Hvor Du fritter ud.

79. Nu haver Du dine
Sønner mistet,
Den Skjæbne skulde Du
Nødigst fristet;
Hjernens Skaller,
Det end Du vide,
Stande som Bægere
Ved din Side;
En Drik, vel drøj,
Jeg lave Dig lod,
I den jeg blandede
Deres Blod.

80. Dig Hjærterne stegte
Paa Spid jeg bragte,
Som Kalvehjærter
Du paa dem smagte,
Beholdt dem for Dig
Og satte dem ned,
Ivrigt tyggende
Kjæverne sled.

81. Nu veed Du det, sjælden
Man Værre sig henter;
Min Deel jeg gjorde
Og Roes ej venter.

Atle.
82. Gudrun! en grusom
Daad du begik,
Med Blod af dit Barn
At blande min Drik;
Dig sømmede mindst
Det Drab forvist,
Mig volder Du Ondt
Med liden Frist.

Gudrun.
83. End gjerne Dig selv
Jeg dræbe vilde,
Slig Konge behandles
Ej noksom ilde;
Med uhørt Grumhed
Paa denne Jord
Forhen rasende
Frem Du foer;
Nu kommer end til
Hvad nys der skete,
Din sidste Udaad
Dit Gravøl beredte.

Atle.
84. Stenes Du skulde
Og brændes paa Baal,
Da naaede din Færd
Sit rette Maal.

Gudrun.
Da vilde imorgen
Du selv være den,
Som blev rammet af Sorgen;
Mig fører vist
En skjønnere Død
Til Lyset hist.

85. Fjendske de sammen
I Hjemmet sade
Med heftig Ordstrid,
Lidet glade.

86. Men Hadet voxed
I Niflungens Bryst,
Tanken ham gav
Til Stordaad Lyst;
Han aabenbared
For Gudrun nu,
At han mod Atle
Var gram i Hu.

87. Hende randt Høgnes
Medfart isinde,
Hun priste ham Lykken,
Ved Hævn at vinde;
Snart derefter
Man Atle vog,
Med Høgnes Søn
Ham Gudrun slog.

88. Da talte den Djærve,
Af Søvnen opjaget,
Saaret han følte,
Bindet blev vraget:
"Siig frem, hvo er det,
Som Budlungen fælder?
Man handlede med mig,
Saa Livet det gjælder."

Gudrun.
89. Ej Grimhilds Datter
Vil skjule sin Færd,
Viid kun, det er mig,
Som volder her,
At Livet Du mister,
At Saaret Dig svækker:
Men Høgnes Søn
En Haand mig rækker.

Atle.
90. Du foer til et Drab,
Som ej har Lige,
Ondt er det en Ven,

Som troer Dig, at svige;
Fra Hjemmet, Gudrun!
Jeg bejlende drog,
Dengang jeg Dig
Til min Hustru tog.

91. Som Enke Du sad,
Stormodig Du hed,
Og Løgn var ej dette,
Thi nu vi det veed;
Hid drog Du fra Hjemmet,
Os fulgte en Hær,
Og stadselig var
Vor hele Færd.

92. Der alskens Pragt
Af fornemme Mænd
For Dagen blev lagt;
Oxer i Mængde
Vi rigelig nød,
Mange skjød til,
Saa af Føde der flød.

93. Jeg skjænked den Stolte
I Fæstensgave
Smykker i Mængde,
Syv Terner brave
Og tredive Trælle,
Alt efter Skik,
Dog mere end vanligt
Sølv Du fik.

94. Alt det Du regned
For Intet at være,
Jeg skulde Dig Budles
Lande forære,
Det havde Du stedse
Snedigt isinde,

Ej i din Lod
Du vilde Dig finde;
Din Svigermoder
Tidt grædende sad,
Og Tyendet saae jeg
Aldrig glad.

Gudrun.
95. Nu lyver Du, Atle!
Skjøndt Gjensvar er spildt:
Tidt var jeg streng,
Men Du husede vildt,
Fra Ungdommen mellem
Jer Brødre Man hørte
Om Strid, den Ene
Den Anden beførte,
Til Hel det halve
Huus jo foer,
Alt vaklede, hvori
Hygge boer.

96. Tre Sødskende var vi,
Ej lette at tvinge,
Ifølge med Sigurd
Paa Tog vi ginge;
Hver havde sit Skib,
Og vi krydsede om
Paa Lykke og Fromme,
Til Østland vi kom.

97. En Konge vi fælded,
Fik Landet ihænde,
Os Herserne tjente,
Et Frygtens Kjende;
Fra Skoven vi hented,
Hvo Fred skulde have,
Hvo Intet besad,
Vi Velstand gave.

98. Men Huneren døde
Og Lykken sig nejed,
Stor Sorg som Enke
Den Unge ejed;
Atles Hjem
Var den Livliges Gru,
Tungt sin Helt
Hun savnede nu.

99. Om Dig Man aldrig
Paa Kampthing hørte,
At Sag mod Andre
Du gjennemførte,
Stedse Du veg,
Holdt aldrig Stand,
Dog godt det skjultes
[Du fejge Mand.]

Atle.
100. Nu lyver Du, Gudrun!
Til liden Baade
For Dig eller mig
I al vor Vaade;
Gudrun! Naar bort
Man nu mig steder,
God Du være
Og vise mig Hæder.

Gudrun.
101. Et Skib, en Steenkiste,
Vil jeg kjøbe,
Med voxede Bleer
Dit Lig omsvøbe;
Alt Fornødent
Skal agtes tilfulde,
Ret som vi vare
Hinanden hulde."

102. Atle blev Lig
Til Sorg for de Nære;
Den Ædle fuldbyrded
Sit Løvte med Ære.
Forsætlig sit Liv
Vilde Gudrun øde,
Men sparet det blev,
Først siden hun døde.

103. Lyksalig siden,
Hvo Afkom faaer,
Der lige med Gjukes
I Heltemod staaer!
Udødelig disses
Roes skal stande
Hos Folkefærd
I alle Lande.

37. Gudruns Opegning

Da Gudrun havde dræbt Atle, gik hun til Stranden, tog ud paa Dybet, og vilde forkorte sit Liv; men hun kunde ikke synke, og drev over Fjorden til Kong Jonakurs Land. Han tog hende tilægte.

Deres Sønner vare Sørle, Erp og Hamder. Der opfostredes Sigurds Datter Svanhilde; hun blev gift med Jormunrek hin Mægtige. Hos ham var Bikke; han gav det Raad, at Kongens Søn Randver skulde tage hende; og det meldte Bikke til Kongen. Kongen lod Randver hænge og Svanhilde træde ihjel af Heste. Men da Gudrun spurgte dette, talte hun til sine Sønner.

1. Den skrappeste Tale
Skal være ført,
Sorgens tungeste
Udraab hørt,
Dengang da Gudrun
Med grumme Ord
Haardhjertet Sønnerne
Egged til Mord.

2. "Hvi sidde I her
Og Livet døse,
Hvorfra mon saa let
I Jer Lystighed øse?
Da Jørmunrek
Eders Søster lod
Af Heste trampe,
Det unge Blod,
Paa alfar Vej
Af sorte og hvide
Og graa, som Gother
I Løbet ride.

3. Ej ligne I Gunnar
Og hans Mænd,

Ej heller Høgne,
Den dristige Svend!
Havde I mine
Brødres Mod,
Eller om Eder
Tilraade stod
Hunekongernes
Haarde Sind:
Paa hende at hævne
I lagde Vind."

4. Da svarede Hamder
Med dristigt Mod:
"Ej syntes Dig Høgnes
Daad saa god,
Da Sigurd af Søvne
Man vække lod,
Dengang dine Bolstre
Stribede blaa
I Mandens Blod
Du farvede saae,
I røden Mordlud
De sølede laae.

5. Den Hævn, Du brat
For Brødrene tog,
Dig saarede grumt,
Thi Sønner Du vog;
Nu kunde vi ellers
Forenede stævne
Og Søstren den unge
Paa Jørmunrek hævne.

6. Nu Hunekongernes
Prydelser bring!
Da os Du egger
Til Vaabenthing."

7. Med Jubel Gudrun
Til Skemmen drog,
Kongers Hjælmpynt
Af Kister tog,
Med side Brynjer,
Og Sønnerne bragte;
Paa Gangerne tynged
De Uforsagte.

8. Da monne den modige
Hamder sige:
"Den Kriger, som fældes
I Gothers Rige,
Saalunde sin Moder
Hjemsøge vil,
At Arveøl
Hun laver til
For alle Sine,
Baade Svanhilde
Og Sønnerne dine."

9. Men Gjukes Datter
Begyndte at græde,
Nedslagen tog hun
Paa Fortoget Sæde,
Med Taarer paa Kind
Fortalte hun der
Om Sorger, som timedes
Fjern og nær.

10. "Tre Ilde jeg kjendte,
Tre Arner jeg kjendte,
Til Trende Mænd
Man i Huus mig sendte;
Kjærest Sigurd
Mig var af dem Alle,
Han maatte for mine
Brødre falde.

11. At hævne mig for
Den svare Smerte,
Dertil havde jeg
Ikke Hjærte;
End voldte mig Ædlinger
Større Plage,
De lode mig Atle
Til ægte tage.

12. Til mig de ustyrlige
Drenge jeg lod
I Eenrum komme,
Ej anden Bod
Mægted jeg for
Min Harme at faae,
Af Niflunger maatte
Jeg Hovedet slaae.

13. Paa Nornerne gram,
I Stranden jeg sprang,
At vælte fra mig
Deres strenge Tvang:
Mig hæved, ej sænked
De Bølger høje,
Jeg landed, end skulde jeg
Livet døje.

14. Tilsengs hos en Konge
For tredje Gang
Jeg gik, thi mulig
Min Lykke omsprang;
Og Børn jeg fødte
Til Arv at tage,
Jonakurs Sønners
Arv at tage.

15. Men Terner sade
Svanhilde ved Side,
Af Børnene hende
Jeg bedst kunde lide;
Yndig i Salen
Som Solens Lue
Hos mig Svanhilde
Var at skue.

16. Med Guld og Purpur
Hun styredes ud.
Førend hun førtes
Til Gother som Brud;
Den Sorg for mig
Som den haardeste staaer,
At min Svanhildes
Det lyse Haar
Af Gangeres Fjed
Man trampe lod
I Dyndet ned.

17. Men bittrest var den,
Da Mord blev øvet
Paa Sigurd, liggende,
Sejren berøvet;
Da glindsende Orme
I Gunnars Barm
Sig bored, det var
Min gruligste Harm,
Meest skjærende den,
Og til Hjærtet den trængte,
Da Kongen den Kjække
De levende flængte.

18. Kvaler jeg mindes
Og Sorger store;
Sigurd! Din blakkede
Hest Du spore,
Lad hid din hurtige
Ganger springe!

Ej Datter, ej Sønneviv
Her mig omringe,
Hvem Gudrun kunde
Med tækkelig Gave
Glæde forunde.

19. Sigurd! Du mindes
Det fælles Løfte,
Vi monne paa Lejet
Sammen drøfte;
Du modigen skulde
Hjemsøge mig
Som Dødning fra Hel,
Jeg herfra Dig.

20. Et Egebaal
I Jarler nu rejse,
Højt mod Himlen
I lade det knejse,
Lad Ild mit kvalfulde
Bryst kun brænde,
Da smelte de Sorger
Som Hjærtet spænde!

―――――

21.
Gid alle de Herrer
Maa muntres i Sinde,
Gid Sorgen for alle
De Yndige svinde,
For hvem nu denne
Klagernes Sang
Er sjungen til Ende!

38. Hamder

1. For Dagen kom der
En sørgelig Daad,
Alfernes Glæde
Standsed i Graad;
Ved Morgengry,
Naar Dag fremstunder,
De sørge med Mennesket
Over hans Onder.

2. Ej var det idag
Ej heller igaar,
Men siden forløb
Der mange Aar,
I Oldtid og midt
I denne atter
Var det, da Gudrun
Gjukes Datter
Sønnerne sine,
Den unge Trop,
Til Hævn for Svanhilde
Eggede op.

3. "Den Søster, I havde,
Svanhilde hun hed,
Paa alfar Vej
Blev trampet ned
Af Jørmunreks Heste,
Sorte og hvide
Og graa, som Gother
I Løbet ride."

4.
Thi føle I Konger
Nu Sorgens Vægt,
Kun I er tilbage
Af al min Slægt;
Som Aspen i Skoven
Jeg stander alene,
Frænderne fældes
Som Fyrrens Grene,
Glæderne røves
Som Løv fra Stammer,
Naar Bygen en lummer
Dag dem rammer."

5. Da svarede Hamder
Med frejdigt Mod:
"Ej syntes Dig Høgnes
Daad saa god
Hiin Dag, da Sigurd
I Søvne blev vejet,
Mordernes Latter
Du hørte paa Lejet."

6. "I Mandens Blod
Dine Bolstre laae,
De Vølundskvævede
Hvide og blaae;
Sigurd var død,
Over Liget Du hængte
Frydløs; med Sligt
Dig Gunnar betænkte.

7. Ved Mordet paa Erp,
Ved Eitils Drab
Du tænkte at volde
Atle Tab:
Dig selv dog værst
Var denne Færd!
Saalunde til Andres
Fald Enhver
Bør svinge i Dysten
Det skarpe Sværd,
At ikke det kommer
Ham selv for nær."

8. Da talte Sørle,
Forstand var hans Gave:
"Ej vil jeg med Moder
Ordstrid have,
Urigtig Tale
I begge føre;

Hvad vil Du nu mere?
Kun Graad vi høre:

9. Begræd dine Brødre
Og Drenge kjære,
Begræd, at Du frister
Til Strid dine Nære,
Begræd os som dødsens
Paa Gangerne her,
Thi Døden venter
Os begge der."

10. I rasende Stemning
Fra Gaarden de toge,
Over fugtige Fjælde
De Unge droge,
Paa hunlandske Øg
Til Hævnforsøg.

11. Til tappre Seller
Erp da kvad,
Lystig den Ædle
Paa Gangeren sad:
"Ondt er det med Krystre
At drage ud." —
De fandt, han var kjæphøj,
Det Skumpelskud.

12. Den snu Krabat
Paa Vejen de mødte:
"Hvad skulde vel Erp
Den Stump os nytte?"

13. Dem svarede Brodren
Paa fædrene Side
Og sagde, at Frænder
Paa Bistand lide

Fra ham saa kunde,
Som Fod af anden,
[Som Kroppens ene
Haand af anden.]

14. "Hvad Hjælp kunde Fod
Vel yde anden,
Eller Kroppens ene
Haand den anden?

15. De droge af Skeden
Klingen ud
Den skarpe — da glæded
Sig Jættens Brud —
En Tredjepart Styrke
De selv sig betoge,
Til Jorden den unge
Svend de sloge.

16. De rystede Kapperne,
Sværdene bandt,
De Herrer iførte sig
Purpurgevandt.

17. Fremad gik Vejen,
En Sti saa fæl
De funde, thi Søsterens
Søn paa Pæl
Hængte der;
Om Galgen i Vest
For Borgen suste
Den kolde Blæst,
Rundtom truttede
Tranernes Røst,
At bie der
Var ingen Lyst.

18. I Hallen der larmed
De svirende Mænd,
Ej Lyden af Hestene
Naaede derhen,
Før Hornet blev blæst
Af den modige Svend.

19. De fore med Iil
Og Jørmunrek meldte,
I Sigte man havde
Hjelmklædte Helte:
"Fat Raad, thi de Vældige
Ere tilstede,
For mægtige Mænd
Lod Du Kvinden nedtræde."

20. Men Jørmunrek strøg sig
Om Skjægget og loe,
Tog Hyndet, til Vinen
Sig satte i Ro;
Med Blik paa det hvide
Skjold han rysted
De brune Lokker,
Guldbægeret krysted:

21."Lyksalig jeg vilde
Mig prise, ifald
Jeg Hamder og Sørle
Saae i min Hal;
Jeg skulde dem binde
Med Buestrenge,
I Galgen de gode
Gjukunger hænge."

22. Paa Højloftstrin
Den Ærværdige stod:

"Du Skræppefugl!"
— Det Navn, hun lod
Sin Søn da høre —
"De vove just det,
Som lader sig gjøre,
De Tvende alene
I Højborg formaae
Tihundrede Gother
At binde og slaae."

23. Et Styr der blev
I Huset nu,
Drikkeskaaler
Sloges itu,
I Blod, som strømmed
Fra Gothers Bryst,
Kjæmper svømmed.

24. Det kvad da Hamder,
Stormodig han var:
"Du selv det, Jørmunrek!
Ønsket har,
At vi Fuldbrødre
Tvende herinde
I Borgen hos Dig
Os lode finde;
See nu dine Fødder,
See nu dine Hænder

Slængte hist hen,
Hvor Ilden den brænder!"

25. Som Brøl fra en Bjørn
Saa løfted sin Røst
Hin Tryllekloge
Fra Brynjebryst:
"Med Stene mod Jonakurs
Sønner I stride,
Ej Spyd, ej Klinger,
Ej Jern dem bide!"

26. [Det kvad da Sørle,
Forstandig i Hu:]
"At denne Bælg
Du aabnede nu,
Broder! det var
En Daarskabsdaad,
Den Bælg tidt slipper
Onde Raad."[1]

27. "Mod har Du, Hamder!
Men ikke Forstand,
Mangel af Vid
Er tung for en Mand."

28. "Af var nu Hov'det,
Hvis Erp havde levet!

---

[1] Efter Texten er det Hamder, som taler i denne Strofe, men efter Meningen maa det være Sørle, som med disse og den næste Strofes Ord bebrejder Hamder, at han har brudt Tavsheden [Nr. 25], og derved formeentlig løst den beskjærmende Fortryllelse, og fremkaldt det onde Raad [Nr. 26]. Efter Vølsungasaga havde Gudrun tilberedt deres Klæder, saa at Jern ikke bed paa dem, og bedet dem vogte sig for Stene; og Saxo fortæller, at en Troldkone Guthrune havde forblindet Jarmeriks Folk, men at Odin gjengav dem Synet og raadede dem at bruge Stene, siden hine vare usaarlige for Sværd.

Men stridbare Broder
Paa Vejen er blevet,
Os Diserne egged
Den Tappre at slaae,
Mord paa en fredhellig
Mand at begaae."

29. "Ej burde det os
Som Ulve hænde,
Os fjendske imod
Os selv at vende,
Som Nornernes glubske
Hundetrop,
Der ude i Ørkenen
Voxer op."

30. "Vel have vi kjæmpet
Og stande her
Paa Dynger af dem,
Vi fældte med Sværd,
Ret som Ørne
Sidde paa Kviste!
Om nu eller siden
Vi Livet miste,
Dog Hæder vi naaede:
Gi'er Nornen Bud,
Saa lever Ingen
Sin Aften ud."

31.
Der faldt Sørle
Ved Gavlen af Salen,
Bag Huset segnede
Hamder paa Valen.

Dette kalder Man det gamle
Hamdersdigt.

www.heimskringla.no

Heimskringla Reprint er en serie genudgivelser af bøger, som ikke længere er tilgængelige, hovedsageligt norrøne kildetekster og baggrundsmateriale for disse. Serien udgives som en del af projektet *Norrøne Tekster og Kvad,* hvis formål er at formidle norrøn litteratur. Projektets hjemmeside – www.heimskringla.no – er i dag den største database med norrøne tekster på internettet.

Indtil videre består serien af disse titler:

1. Hans Georg Møller: *Den ældre Edda* (dansk)
2. Finnur Jónsson: *Snorre Sturlusons Gylfaginning* (dansk)
3. Finnur Jónsson: *Are Thorgilssons Íslendingabók* (oldislandsk og dansk)
4. Olaf Hansen: *Den ældre Edda* (dansk)
5. Diverse: *Vølvens spådom – en antologi* (oldislandsk, dansk, norsk, svensk)
6. Finnur Jónsson: *Kongespejlet – Konungs Skuggsjá* (dansk)
7. Erik Brate: *Eddan – De nordiska guda- och hjältesångerna* (svensk)
8. Gudmundur Thorlaksson: *425 norsk–islandske skjalde* (dansk)
9. Vilhjálmur Finsen: *Grágás – Islændernes lovbog i fristatens tid* (dansk)
10. Adolf Hansen: *Bjovulf og Kampen i Finsborg* (dansk)
11. Finnur Jónsson: *Den islandske litteraturs historie tillige med den oldnorske* (dansk)
12. Axel Olrik: *Ragnarok* (dansk)
13. Vilhelm B. Hjort: *Den gamle Edda* (dansk)